2020

Discourse　Studies　Forum
话语研究论丛
第八辑

田海龙　主编

南開大學出版社

天　津

图书在版编目(CIP)数据

话语研究论丛. 第八辑 / 田海龙主编. —天津：南开大学出版社，2020.12
 ISBN 978-7-310-06094-8

Ⅰ.①话… Ⅱ.①田… Ⅲ.①话语语言学－文集 Ⅳ.①H0－53

中国版本图书馆 CIP 数据核字(2021)第 002652 号

版权所有　侵权必究

话语研究论丛. 第八辑
HUAYU YANJIU LUNCONG DI-BA JI

南开大学出版社出版发行
出版人：陈　敬
地址：天津市南开区卫津路 94 号　邮政编码：300071
营销部电话：(022)23508339　营销部传真：(022)23508542
http://www.nkup.com.cn

北京君升印刷有限公司印刷　全国各地新华书店经销
2020 年 12 月第 1 版　2020 年 12 月第 1 次印刷
260×185 毫米　16 开本　10.25 印张　194 千字
定价：36.00 元

如遇图书印装质量问题，请与本社营销部联系调换，电话：(022)23508339

《话语研究论丛》编委会

顾问：
陈光磊（复旦大学）　　　　　　　　Paul Chilton（英国兰卡斯特大学）
胡范铸（华东师范大学）　　　　　　姜望琪（北京大学）
张迈曾（南开大学）　　　　　　　　Ruth Wodak（英国兰卡斯特大学）

主任： 辛斌（南京师范大学）
委员：
曹　青（英国杜伦大学）　　　　　　陈新仁（南京大学）
丁建新（中山大学）　　　　　　　　窦卫霖（华东师范大学）
杜金榜（广东外语外贸大学）　　　　李　艺（南开大学）
苗兴伟（北京师范大学）　　　　　　潘　红（福州大学）
钱毓芳（浙江工商大学）　　　　　　施　旭（浙江大学）
田海龙（天津外国语大学）　　　　　吴宗杰（浙江大学）
王晋军（云南大学）　　　　　　　　王　玮（澳大利亚悉尼大学）
王永祥（南京师范大学）　　　　　　吴东英（香港理工大学）
武建国（华南理工大学）　　　　　　尤泽顺（福建师范大学）
赵彦春（天津外国语大学）　　　　　张　辉（南京师范大学）
张　青（美国亚利桑那大学）　　　　祝克懿（复旦大学）

目 录

《人民日报》"煤改气"话语中政府形象建构研究……………… / 马千越 刘立华　1
公共话语功能文体历时研究与中国话语文化性
　　——以《人民日报》元旦社论为例……………………… / 郝兴刚 李怀娟　21
通知中的权威及其动态特征与实现策略
　　——政府部门发布通知的"话语-历史"批评话语分析……………… / 单晓静　39
话中话：《红楼梦》直接引语中的元话语分析……………………………… / 付晓丽　56
系统功能语法视阈下能动性的建构和转变
　　——以英语学习故事为例………………………………… / 林秋茗 欧阳护华　69
特朗普国情咨文演讲的批评隐喻分析
　　——以 2019 和 2020 年为例…………………………………… / 孟令茹 白丽芳　88
多模态批评话语视阈下的性别歧视研究
　　——以一则商业广告的图像构建为例…………………………… / 舒月 黄乐平　104
2019 年国内批评话语研究年度综述………………………………… / 刘立华 韦荣波　120
《中国新闻翻译的话语分析》评介……………………………………………… / 张立庆　133
《衰老与性别话语——公共话语与私域话语对老年女性的影响》述介…… / 张琳琳　141
2020 年国内期刊发表的话语研究方面的 100 篇论文题目…………………………　151

《人民日报》"煤改气"话语中政府形象建构研究*

◎ 马千越　石家庄邮电职业技术学院
◎ 刘立华　北京交通大学语言与传播学院

摘　要　本文以社会建构理论为指导，从话语分析的视角探讨《人民日报》2013年3月5日至2018年3月5日"煤改气"相关新闻报道中的政府形象话语建构。研究发现，在具体的话语建构过程中，《人民日报》记者运用话语优势彰显了政府的突出贡献和"煤改气"工程在解决大气污染、能源、供暖等问题方面的实际效益。"煤改气"话语中政府形象的呈现和建构是多方面因素共同作用的结果，一个强有力的、充满活力的和日益成熟的积极的政府形象被呈现给读者并通过不同的话语形式得以强化，积极的政府形象建构对于持续推动"煤改气"工程的进一步实施和普及发挥了关键作用。

关键词　"煤改气"工程；政府形象；话语建构；《人民日报》

1. 引言

能源是经济和社会发展的重要物质基础，不仅在很大程度上影响了经济发展的速度和质量，同时关系着广大群众的生活和整体生态环境的建设（郝新东，2013）。随着中国经济的持续高速发展，社会对于能源的需求高增不下，煤炭消耗量高居榜首。中国作为具有种类最全、煤炭产量最高的国家之一，自2008年开始，却逐渐由一个煤炭出口国成

---

* 通讯作者：刘立华
　联系地址：北京市（100044）海淀区上园村3号，北京交通大学语言与传播学院
　电子邮箱：lihua08@163.com
　基金项目：本文系国家社科基金重大招标项目"中国特色大国外交的话语构建、翻译与传播研究"（项目批准号：17ZDA318）阶段性成果。

为净进口国,凸显了中国能源结构的不合理以及调整能源结构的紧迫性,利用天然气取代煤炭并使天然气成为工业生产和群众生活的主要能源形式逐渐成为一种趋势。环境的急剧恶化使人们陷入持续的雾霾困扰之中,引起了社会广泛的关注并成为 2013 年两会讨论的热点问题之一。为了解决北方地区大范围出现的雾霾问题,政府部门进一步加快了"煤改气"工程实施的步伐。基于中国社会主义国家的属性,政府在整个工程推进过程中的作用是不容忽略的,因而在"煤改气"相关话语中构建出的政府形象值得进一步的探索和讨论。作为官方媒体的代表,《人民日报》发布的新闻报道更加客观和全面,它的时效性和权威性更使其成为众多学术领域的研究对象。本文将《人民日报》中"煤改气"相关新闻报道作为研究主体,结合定量、定性分析以及基于语料库的话语分析方法,进一步探析《人民日报》相关新闻报道中政府形象的建构过程。本文为研究中文新闻报道中的形象话语建构提供了一个新的研究视角,进而丰富话语分析领域的研究成果。

2. 文献回顾

2.1 "煤改气"相关研究

"煤改气"相关新闻报道深受国内群众的广泛关注,尤其是过去的十几年。"煤改气"并不是中国独有的一项工程,在中国实施"煤改气"以前,就已经有很多国家开始大范围实施了。作为世界排名第二的天然气产量大国,美国已经普及了天然气的使用。早在20 世纪 80 年代,韩国就大规模实施过"煤改气"工程。然而,由于当时"煤改气"并未得到足够的关注,所以相关的研究并没有很多。随着"煤改气"的逐步实施,围绕"煤改气"发展状况以及"煤改气"实际效益的相关研究随之开展。

就"煤改气"的具体状况而言,吴雁冰和张芳(1998)研究了"煤改气"实施过程中天然气管道建设的相关问题。刘虹(2015)指出了"煤改气"实施过程中政府面临的一些挑战,比如日益增加的能源供给安全问题、相关设施的建设、带给政府部门巨大的财政压力以及与国家提出的多元化能源安全供应体系相悖等问题。周淑慧(2018)从天然气立法的不完善、"煤改气"工程推广的过度强化、不稳定的能源供给等方面探讨了"煤改气"供给的问题,并提出了一些实际的应对问题的举措。

就"煤改气"带来的效益而言,早在 1993 年,世界银行波兰评估团在一份报告中就已经证明了"煤改气"所带来的实际效益。李铁松、方云祥等人(2005)研究了南昌市"煤改气"工程的实施方案,调研数据显示,"煤改气"既可以带来巨大的社会效益,同时可以在很大程度上改善大气环境,对于实现经济与环境可持续发展而言,这无疑是一个优质的选择。韩金保、于洁等人（2018）运用等热值替代法衡量了通过在供暖中用天然气替代煤炭，大气污染物实际排放的减少量，结果显示，在供暖中使用天然气能够有效缓解河北省的大气污染。

国内来自不同领域的专家学者运用多元化的方法全面阐述了"煤改气"工程带来的实际的经济和环境效益。同时，存在于"煤改气"中的一些问题被揭露出来，一些应对的建议和措施相继提出。从整体上来说，相关研究更多地强调了实施"煤改气"工程的优越性。

2.2 政府形象研究

政府形象是国家形象的一个重要组成部分，但国外学术领域中关于政府形象的研究不多，从根本上来说是源于国外的政治体系。频繁的政党更迭使得政府形象成为一个不稳定的存在，因而国外学者多从民族或者国际层面来研究形象，国家形象取代政府形象并成为国外学术领域研究的热点问题。中国共产党自中华人民共和国成立以来一直是中国的执政党，因而中国政府的形象是稳定的，政府形象相关的研究相应地更加丰富。政府形象的研究一直以来受到了包括传播学、公共关系、危机管理和语言学等领域在内的不同学术领域学者的热切关注。从政府形象的定义来看，博尔丁（Boulding, 1956）认为形象是主观世界的知识，控制着人类的行为，政府形象可以从广义和狭义两个方面理解。从广义上来讲，政府形象等同于国家形象，是一个独立国家的无形资产，同时是国家综合实力的集中体现（Easton & Dennis, 1965；刘小燕，2005）。从狭义上来讲，政府形象是政府部门的执政行为、品质和精神面貌等在群众眼中的抽象表征，同时也是一个综合印象或者说国内外大众对于政府的整体水平、综合能力、执政理念和执政表现的看法（刘小燕，2005），政府形象是在政府执政过程中积聚起来的无形的但十分重要的资产。从公众的角度进行考量，它是国内外群体对于政府整体水平、综合能力和表现的评价（李永，2015）。良好的政府形象可以通过其代表性、效率、诚信等方面进行衡量（Dickson & Stoker, 2000）。从政府自身进行考量，政府形象是政府在推动国际贸易、执行国家意志或者参与国内外特定公共关系活动时通过行为和表现留在大众心目中的印象（蒋春堂，2001）。从综合的角度来看，普遍的社会信任、感知的价值空间、认知驱动、传播的形象、民族主义和跨民族主义的接触是影响政府形象认知的六个重要因素（Paulo, 2016）。

由于政府形象研究领域的广泛性，政府形象建构研究的方向也呈现多元化倾向。从政府形象修复的视角来看，政府需要在一些危机事件发生后采取一系列的话语策略修复受损的形象。贝努瓦（Benoit, 1997）认为任何社会组织必须最大限度地提升自身的形象并提出了形象修复的五大话语策略。这五大策略最先是针对公司应对危机事件，随后被政府应用在危机事件处理中的形象修复。袁军和冯尚钺（2013）的研究详细阐述了政府如何利用不同的话语策略重建在四个不同事件中的政府形象。从政府形象传播的角度来看，相关的研究主要集中在政府形象传播的方法、困境和相应的解决手段。里希特和阿蒙森（Lichter & Amundson，2000）研究了媒体在影响群众对政府的态度以及政府形象传播方面的作用。刘小燕（2005）提出政府形象可以通过三种形式传播：政府行为、政府行为解读和前面两种形式的结合。从语言学角度分析，形象在很大程度上是由话语建构的，可以借助特定的话语形式得以体现。潘峰和黑黟（2017）运用基于语料库的话语分析方法，通过对新闻发布会翻译稿中典型搭配的细致分析，进一步探究了政府部门和官方领导人建构的政府形象，研究显示，基于语料库的话语搭配分析是研究形象话语建构的高效手段。柴改英和刘佳丽（2019）修正了及物性模式，运用定量分析的方法对杭州市政府工作报告英文语料库概念语法隐喻进行了探析。报告中政府部门运用话语分别构建了"行动者""责任者"和"精神引领者"三个突出的形象，政府倾向于塑造一个更加人性化和具有公众服务意识的形象，从而呼应其"去中心化"策略。

2.3 话语建构研究

"话语"这一概念出现在 20 世纪 50 年代，逐渐被语言学学者赋予了更加丰富的涵义。建构主义认为"语言是位于句子之上的"，更加关注语言的结构属性（Stubbs，2001）。同时也有一些语言学者关注情境之下的语言使用，而不单单关注语言形式。功能语言学学者布朗和尤尔（Brown & Yule，1983）认为，话语是"使用的语言"，语言的使用被意图影响并和语境相关联（Richardson，2007）。这个观点得到法索尔德（Fasold，1990）的支持，他认为话语是"语言的各个方面"。批评话语认为话语"尤其能够部分地表达心理、社会和物理世界，它是一种社会实践"（Fairclough，2003）。不同研究领域的学者对于"话语"的定义存在不同的认知，因而极大地丰富了话语分析的视角。

话语分析和建构主义紧密联系在一起。"建构主义"一词最早可以追溯到 1967 年由伯格和卢克曼发表的《现实的社会建构主义：知识社会学论文》一文中，建构主义认为脑海中对于外部存在的理解是可以被建构的，认知是建立在已有知识和经验基础之上的积极建构（詹全旺，2006）。话语是受权力和社会现实操控的，同时，社会主体也可以通过话语而得到重建。话语分析的发展和进步可以说是建立在建构主义研究趋势的基础之上（谢蒙蒙，麻彦坤，2016）。受建构主义思想的影响，话语分析领域的学者检验并证实人们是如何用语言这个媒介来构建他们赖以生存的世界，探析他们可以从建构中收获什么，而不仅仅局限在话语的内部结构分析（詹全旺，2006）。作为其中一个分支，社会建构主义清晰地阐释了认知活动的社会属性，社会和文化环境不仅仅对于个体的认知是必要的，它同时规范了人们的认知活动（詹全旺，2006）。话语可以实现社会建构的功能，同时也可以被社会实践所建构（Fairclough & Wodak，1997）。社会建构主义进一步将其研究焦点细化到"身份"，认为身份是动态变化的，身份的形态基于社会建构，同时也是特定文化、历史和动态社会建构的产物（项蕴华，2009）。越来越多的学者开始从社会建构的视角研究身份（Kroskrity，1999；De Fina et al.，2016），主张身份不是固定的、预设的和单向的，而是在交往中借助话语动态、积极和在线建构的（陈新仁，2014）。身份形象的话语建构已成为当下语言学界，尤其是批评语言学领域的热点课题。建构主义视角下的政府形象研究实质上是在一个长期漫长的互动过程中形成的，其形成的过程包括自身的塑造、传播以及他人对政府的整体认知，因而在研究政府形象时一定要把握其社会建构的特性。

3. 研究设计

语料的收集对于整个话语分析的研究至关重要，语料的权威性和代表性直接影响了该研究的意义和价值。基于语料库的方法和话语分析可以相互补充，将两种方法结合起来能够丰富研究视角和研究成果，这一观点得到了中外学者的肯定（Baker & McEnery，2005；钱毓芳，2010）。本文根据"煤改气"工程的发展历程，结合社会背景对相关的语料进行了选取。作为一个国家重点民生工程，"煤改气"自 20 世纪末实施以来得到了长足发展，2013 年雾霾天气的大面积出现成为进一步加快"煤改气"工程实施的契机。本文以"雾霾"一词正式提出的时间为研究起点，在"人民日报图文数据库"检索"煤改气"关键词[①]，收集并整理了 2013 年 3 月 5 日至 2018 年 3 月 5 日期间以"煤改气"为主题的新闻报道。在整理的过程中，为了保证语料的统一性，作者删除了社论、特刊等少于 300 字的新闻报道、非《人民日报》记者撰写的新闻报道、位于不同版面的同一篇报道以及"煤改气"相关的内容少于整个报道 2/3 篇幅的报道。经过筛选和整理，有 24 篇符合作者要求的新闻报道被用作研究主体。作者将 24 篇新闻报道进行汇总，按照时间顺序对新闻报道进行 H1-H24 编号，建立了一个 4 万多字的小型语料库，运用 AntConc 3.4.3w 语料库分析软件索引功能提取索引行、高频词、词丛和搭配等并进行相关的统计和分析。为确保提取词和搭配的分析具有实际意义，本研究从列表中剔除了功能词、介词和无意义的实词，在此基础之上分析"煤改气"语篇中的语言学现象和话语背后的意识形态。关于"煤改气"研究涉及的领域主要有环境、能源以及工程本身等，但从"煤改气"话语出发研究形象话语建构的研究甚少，本研究意于从话语分析的角度丰富"煤改气"话语的相关研究。

4. "煤改气"新闻报道的话语分析

4.1 标题

标题通常是一篇新闻报道的精华,也是一篇新闻报道内容的高度总结(van Dijk,1991)。标题很大程度上在读者的阅读和理解中起着重要的导向、激励和促进作用(谢玉红,2015)。通过阅读标题,读者往往可以获得新闻报道的第一手信息,决定了读者是否继续阅读报道的详细内容(尚媛媛,2001)。因此,新闻标题中的词汇通常会经过记者的精心挑选,一方面服务于快速掌握新闻整体的脉络,另一方面能够凸显话语策略的运用(Teo,2000)。通过观察,"煤改气"新闻标题中的话语表达方式暗含了不同的态度倾向,因此,从态度词着手对新闻标题进行分析成为本文的研究方向之一。在24个新闻标题中,作者将态度划分为三类:积极、消极和中立(见表1),在此基础上进一步探析标题之间的纵向联系。

表1 "煤改气"新闻标题中的态度体现

态度	积极	中立	消极	总计
数量	20	1	3	24
比例	83%	4%	13%	100%

话语暗含的态度是由话语表达的立场所决定的,因而表达者的立场和情绪决定了使用词语的积极和消极。从表1可以看出,传递积极态度的标题内容比例高达83%,主要表达了对"煤改气"的肯定;蕴含中立态度的标题内容占4%,主要是对"煤改气"的思考;包含消极态度的表述为13%,主要揭露了"煤改气"过程中出现的一些问题。那么,这些包含在标题中的态度资源是如何和政府形象建构相关联的呢?通过对内容的进一步分析,《人民日报》记者在新闻标题中运用了大量的动词来具体表述中央及地方政府的行为举措,如表2所示:

表2 标题中政府行为的话语表述

编号	主体	行为
H6	乌鲁木齐	新春<u>走基层</u>
H7	北京	<u>攻坚</u>"煤改气"
H8	北京	锅炉"煤改气"今年<u>超额完成任务</u>
H9	新疆(乌鲁木齐)	<u>紧扣</u>"三最"<u>惠民生</u>

续表

编号	主体	行为
H11	北京	今年<u>投入</u>"减煤换煤"的<u>资金相当于前三年总和</u>
H12	我国	<u>推进</u>北方地区冬季清洁取暖综述
H15	河南	新春走基层 农家<u>听心声</u> 村里通了天然气（新春走基层 农家听心声）
H17	北方多地	<u>大力推进</u>清洁取暖
H19	国家能源局	"煤改气"，<u>落实气源</u>是前提
H20	十部门/环保部	<u>公布</u>清洁取暖<u>规划，专项督查</u>供暖保障
H22	辽宁盘锦	<u>实现</u>燃气户户通，9万多农户使用<u>清洁能源</u>取暖
H24	河北秦皇岛北戴河区	<u>3个月完成</u>供暖改造工程地源热泵助力治霾<u>攻坚</u>

24篇报道中，有12篇报道具体阐述了政府推进"煤改气"的举措，通过"攻坚""紧扣"和"大力"等词的使用传递了政府的努力和强烈的决心。其中有5篇报道阐述了推进"煤改气"过程中存在的问题，通过纵向观察和比较，对应的措施实质上也暗含在了题目之中，如表3所示：

表3 标题话语中呈现的问题及对应措施

编号	问题	编号	措施
H2	郑州<u>治霾遇难题</u> 污染大户"打太极"光想要蓝天，<u>就不想拆烟囱</u>	H12	<u>既要温暖过冬 又要</u>蓝天白云
H3	今冬"煤改气"面临百亿<u>天然气缺口</u>大气治理遭遇<u>"气短"</u>（热点解读）	H19	"煤改气"，<u>落实气源</u>是前提
H5	太原燃气供暖减少污染，却遭遇<u>成本高、气源缺</u>	H11	今年投入"减煤换煤"的<u>资金相当于前三年总和</u>
H18	京津冀每年散煤消费量超4000万吨，占煤炭使用总量10%，但<u>污染物排放</u>贡献超50%	H20	公布清洁取暖<u>规划，专项督查</u>供暖保障
H23	<u>气荒</u>如何不再来？（经济热点）——对今冬大面积气荒的调查与思考	H24	3个月完成供暖改造工程<u>地源热泵</u>助力治霾攻坚

在推进"煤改气"的过程中，有些人不愿参与"煤改气"的改造，他们想要蓝天，想要美好的环境，但却拒绝拆除重污染的大烟囱，这一行为在后续报道中得到了有力回

应:"既要……又要……",传递了温暖和蓝天并存的决心。对于燃煤污染重的地区,政府进行了清洁取暖规划和专项督查,在保障温暖的同时捍卫蓝天。费用支出和天然气供需自"煤改气"工程实施以来一直是关注的核心问题,天然气的供需矛盾在一些区域十分突出。在实施"煤改气"的地区,政府相关部门相继提出天然气气源需要提前落实,积极开发多种形式的能源助力"煤改气"。在资金投入方面,国家给予了更多的资金保障,确保"煤改气"工程的平稳推进。尽管在"煤改气"推进的过程中的确存在许多问题,但政府的及时作为成为顺利推进"煤改气"的强大动力。由于篇幅的限制,《人民日报》中不可能详细阐述所有地区"煤改气"工程的进展情况,只能选取典型地区进行呈现,因而,上文中体现的问题和措施不一定对应在同一地区,但却很好地反映了推进"煤改气"过程中政府的态度和作为。可以发现,对于一个新兴的、规模宏大的工程,政府部门也在摸索着前进,不断地调整政策,调和能源和环境之间的矛盾。同时,《人民日报》记者对于天然气本身的属性也在题目中进行了具体呈现,直接或间接地说明了使用天然气的好处:

H1)"造福"　　　——　有益
H4)"白领"　　　——　干净
H6)"福气"　　　——　造福
H10)"绿色"　　　——　无污染
H22)"清洁能源"　——　洁净

以上词语强调了天然气清洁、无污染和"福气"的本质属性,对于天然气属性的积极表述凸显了政府推进"煤改气"决策的正确性。同样在标题中提及的还有普通群众的自发行为:H16)"驱散雾霾,他们是行动者",在很大程度上能够号召和鼓舞更多人积极投身"煤改气"工程。

标题中态度词的使用奠定了新闻报道本身的基调。通过对态度词的探析,可以获取话语背后真实的意识形态。在标题的词语选择中,《人民日报》记者使用了大量的行为动词,借助行为动词本身以及修饰的积极或消极含义,对政府形象进行塑造。整体而言,标题中的话语表述呈现了对政府工作和表现的肯定以及赞赏,这无疑对于政府积极形象的塑造和传播起到了重要作用。

4.2 关键词分析

从语言系统的词汇层面来看,相同的词语通常会被赋予不同的含义,同一个含义可以通过不同的词语来进一步表达,词语的选择和阐释受到社会形态、历史文化、意识形态和权力关系的影响(熊伟,2011)。范代克(van Dijk,1988)认为,规范和价值可以用词语从社会层面或置于语境中进行表达，词语可以用来表达对价值的判断。借助 AntConc 3.4.3w，作者获取了词频表（见表4），词频表中包含的话语表述出现频率不低于35次，剔除了一些没有实质含义的词：副词、连接词、介词以及缺乏单独实质含义的名词等。

表4 高频词排序

排名	词语	频率	排名	词语	频率	排名	词语	频率
1	市	156	16	说	70	31	推进	41
2	能源	147	17	供热	66	32	达到	41
3	万	130	18	元	65	33	城市	40
4	天然气	126	19	完成	63	34	农村	39
5	污染	125	20	排放	61	35	大	39
6	清洁	121	21	亿	59	36	环境	39
7	燃煤	114	22	散煤	59	37	实现	38
8	供暖	108	23	政府	56	38	消费	37
9	煤改气	106	24	工程	53	39	建设	35
10	燃气	106	25	采暖	50	40	替代	35
11	锅炉	104	26	大气	49	41	环保	35
12	改造	103	27	治理	45	42	补贴	35
13	地区	86	28	空气	45	43	问题	35
14	取暖	80	29	实施	43			
15	企业	74	30	煤改电	43			

从表4中可以发现，"煤改气"实施的主体是"市""企业"和"政府"。围绕"煤改气"工程，迫切需要解决的问题有：供暖、燃煤污染、大气污染和能源安全。此外，大量动词出现在报道当中："推进""达到""完成""排放""建设""改造""治理"和"实施"。高频词的重复使用能够直接体现话语的主题并展现政府的实际作为，在生动塑造政府亲民、以人民为导向的良好形象方面发挥了重要作用。本文将对其中一些高频词进行详细分析，以清晰地展现《人民日报》对于中国政府推行"煤改气"的态度以及立场。

表4显示，除了表述行为主体的"市"之外，频率最高的词当属"能源"，位列第二，凸显了在推进"煤改气"的过程中，需要着力解决的问题。作为最大的发展中国家，中国是能源产出和能源消耗大国，能源产量仅次于美国和俄罗斯，位列世界第三，能源

消耗是世界总能源消耗的1/10，仅次于美国，位居第二（王仰东、范毅等，2011）。但不可否认的是，和大多数发达国家相比，中国的能源使用效率偏低。在此背景下，中国中央政府积极开拓多种能源形式进而保障我国较长时间的能源安全。在中央政府的统筹安排之下，"煤改气"如火如荼地实施，"煤改气"工程的实施推广有力地缓解了中国对于煤炭的过度依赖，不同的词语和"能源"搭配出现在"煤改气"的报道之中：清洁能源、一次能源和可再生能源。出于调整能源结构和适应当下经济社会发展趋势的迫切需求，天然气的消费量激增，这也直接导致了新一轮的天然气供需矛盾。对于一个新兴工程，政府同样在摸索中前进，政府在逐渐推进"煤改气"工程的同时倡导多种能源形式的开发和利用，推广"煤改气"的方式变得灵活多样。表4中，"清洁"是和"能源"搭配出现次数最多的词，"煤改清洁能源"的话语表述被多次提及，显然，天然气被视为一种清洁能源并得到了广泛传播。"清洁"一词在文本中共出现121次，而和"能源"共现次数多达68次。作为一个沟通与互动的平台，《人民日报》将政府的工作思路进行了积极的呈现和大力的传递，加深了人们对于天然气清洁属性的认知，在很大程度上能够减少工程实施的阻力。显然，《人民日报》对政府工作的策略性和智慧给予了积极评价。

从投入来看，高频词分别为"万""亿""元"和"补贴"，政府的实际投入是"煤改气"相关新闻报道提及的一个重要方面。由于2013年北方地区的雾霾问题引起了社会各个群体的广泛关注，迫使政府必须进一步加快"煤改气"工程实施的步伐。2013年9月10日，中国国务院颁布了《大气污染防控行动计划》，自此，"煤改气"进入一个更加高速的发展阶段。地方政府颁布的相关条例也更加完善，全面展开了燃煤锅炉拆除计划，加速"煤改气"在工业生产和群众生活领域的进程。然而对于长期习惯并依赖于煤炭的居民来说，"煤改气"的转换无疑意味着一笔巨大的资金投入，使得很多地区面临了资金短缺的窘境，更为严重的是，由于资金短缺无法及时完成"煤改气"的改造，一些地区的居民不得不寒冷过冬。在中央政府的统筹之下，地方政府及时地完善了补助政策。报道中记者用了大量的数字具体表述了政府部门对于"煤改气"的实际投入，具体数字的呈现强化了政府努力的信服程度。语料中"亿元"出现了13次，"千万"出现了5次，"万"出现了18次，除此之外，单独关于"元"的表述多达30次，《人民日报》借助具体数字的话语表述凸显了政府对于"煤改气"工程的实际贡献。[②]大量的资金投入和补贴是推进工程实施最直接最有效的方式，它不仅能够展现政府为之付出的努力，同时表明了政府致力于让更多的人享受到"煤改气"带来的实际好处的决心，从而能够进一步优化政府在群众心中的形象。

4.3 搭配分析

弗斯（Firth，1957）指出，研究者需要通过一个词的搭配来了解这个词本身，因为词语本身的含义会蕴含在紧靠在其周围的词语之中。表4中，"市"位于首位，作为一个行为主体，从"市"一词本身出发，我们只知道其代表各个地级政府，是促成"煤改气"实施的主体，但无法判断对该词本身的积极或消极评价。此时，对该词周围的搭配词语进行提取和分析能够实现本文研究目的。表5呈现了"市"和"政府"周围的典型搭配，通过对词语的搭配提取，进一步探析政府形象在《人民日报》中的呈现。表5中的搭配词可以进一步划分为两个方面：工作方向和执行力度。

表5 "政府"和"市"的搭配词语

	编号	搭配	编号	搭配
政府/市	1	根据实际情况	11	投入巨资
	2	因地制宜	12	大力推进煤改清洁能源
	3	立足本地资源禀赋	13	实现无煤化
	4	发布蓝天工程白皮书	14	严控散煤
	5	宜气则气，宜电则电	15	超额完成任务
	6	再次提高改造补助标准	16	将不遗余力推进
	7	陆续出台支持政策	17	进一步巩固"煤改气"的成果
	8	多种方式推进锅炉清洁改造	18	大力提升
	9	进一步给予补贴	19	狠下决心，治理大气污染
	10	主导	20	超额完成任务

从工作方向来看，在中央政府的领导下，地方政府积极推进"煤改气"工程并不断地完善相关举措，明确了实施工程的具体要求。"因地制宜""根据实际情况""提高改造补助标准""出台支持政策"和"主导"等词被选用和"政府"或"市"搭配出现在文本中，凸显了政府强有力的领导，显然在工作方向上，政府部门的决策更显成熟和更加贴合实际，最大限度地捍卫了群众的利益。通过相关话语的描述可以发现，政府的思想或宗旨融入了工作计划并被清晰地呈现在《人民日报》之中，在分析的24篇报道中，提及的行动计划多达16个，政府对于不同区域的实际情况进行了更加周密的考量，给予地方更多的自主权，因地制宜，而不是一味地强制要求"煤改气"工程的普及速度。这不仅有利于保证"煤改气"的平稳发展，同时使得该工程的实施更加人性化。不同的话语表

述展现了《人民日报》记者对于政府这种"民本"思想的充分肯定。

从执行力度上来看,《人民日报》记者在和"政府"或"市"搭配的动词前运用了大量的修饰词,例如:"大力""严控""不遗余力"和"狠下决心"等,强调了政府对于"煤改气"工程实施的贡献和致力于打赢治理大气污染、减少煤炭消耗的攻坚战的决心。通过这些词的使用,政府"为人民服务"的工作宗旨得到了实践,同时被形象地融入了话语之中,在号召整个社会积极开展"煤改气"工程方面起到了至关重要的作用。《人民日报》记者借助不同的话语形式极力让群众为政府的行为所撼动,意将一个积极的、正面的政府形象刻在大众心中。

4.4 "煤改气"话语过度词汇化分析

过度词汇化或过度修饰指的是使用大量的近义词来描述或表达一个特定的经历或者体验(李战子、庞超伟,2010),它可以使得社会现实的某一方面得到特定的强化。它不会反映出事物的内在属性,但却会影响话语接受者的认知倾向。在话语分析中,过度修饰可以折射出语言使用者的意识形态特征或其所属的阶层和群体(Fowler & Kress,1979)。媒体通常会使用过度修饰的话语策略来塑造某种形象,促使读者形成某种特定的感知,并最终建构某种特定的意识形态(孙红梅,2015)。

《人民日报》记者在"煤改气"相关报道中使用了大量词义相似的词语来修饰同一个主体的主观能动性或行为。就"市"或"政府"这个行为主体而言,《人民日报》记者借助语言的形式对政府形象从多方位进行了塑造,如表6所示:

表6 过度词汇化表述的部分例证

政府/市	加快	推进	气化新疆工程建设进程
	大规模		的煤改气工程
	积极		全力攻坚
	通过电力、热泵等多种方式		锅炉清洁改造
	不遗余力		大气污染治理
	大力		煤改清洁能源
	全面		了燃气管网改造煤改气煤改电工程
	无煤化		得有声有色
	有规划地		防止出现气荒
	有序		煤改气,与此同时要因地制宜选择方式多样经济适用的
	积极		天然气行业改革
	下大力气拔烟囱拆锅炉		煤改清洁能源

续表

政府/市	等多种可再生能源供热方式	推进	风电清洁供热
	清洁采暖行动，持续		
	因地制宜		
	系统性		
	纷纷	实施	煤改气
	投入巨资		煤改气工程
	集中力量		一批锅炉煤改气工程
	大力		民生工程
	锅炉"煤改气"今年超额	完成	任务
	超额		260万吨的减煤任务
	全面		
	攻坚克难		了一般需要3年才能做完的供暖改造工程
	下大力气	治理	大气污染
	狠下决心		大气污染
	坚决打好一场		雾霾的人民战持久战
	要采取更加严格的管控措施		散煤

报道中大量使用"大规模""投入巨资""下大力气""不遗余力"和"狠下决心"等修饰语来修饰动词"推进""实施""完成"和"治理"，使得政府的努力、政府的投入以及政府的决心借助过度词汇化的话语策略充分体现，一个充满活力的和坚定不移地抓好"煤改气"工程实施的政府形象被生动地呈现在大众面前。此外，从政府工作策略方面，通过紧跟在动词前面的"有序""因地制宜""系统性""等多种可再生能源供热方式"和"有规划地"综合体现了政府工作的灵活性和实践性，政府不是局限于片面追求"煤改气"工程的普及速度，而是在充分考虑当地条件的基础之上，给予地方更多的选择，从而保证在减少煤炭使用的同时既能够满足生活需求又能够保护环境。

过度修饰尤其体现在积极的"自我呈现"和消极的"他者呈现"，大量积极或消极词语的呈现势必会对读者对于事物、人或事件的认知和判断产生深刻的影响。作为我国的官方媒体，《人民日报》由于其本身的固有属性，更加侧重对政府形象的积极塑造。在报道中，记者着重强调了政府在"煤改气"过程中展现的努力和智慧，积极地将政府塑造成为一个值得信任的、有能力的形象并积极进行传播。

4.5 话语表征方式

费尔克劳将话语表征方式分为两部分：直接引语和间接引语。尽管两者之间的不同经常会受到争议（辛斌，2013），但沃（Waugh，1995）明确了两者之间具体的区别：直接引语是一字不差的、未经压缩的和对他人话语的完全复刻，而间接引语是在理解的基础之上对他人话语进行的压缩、总结或延展。"煤改气"相关报道中出现了大量的直接引语和间接引语，笔者将其进行划分，进一步分析这种话语表征方式是如何建构政府形象的。经过整理，24篇新闻报道中，共有269个引语，其中直接引语为126个，间接引语为143个，其各自所占比例如表7所示。表8呈现了直接引语和间接引语中所囊括的话语主题，笔者将所有的话语主题共分为了10类。

表 7　话语表征方式

引语	直接引语	间接引语	总计
数量	126	143	269
比例	47%	53%	100%

表 8　引语主题的分类

编号	主题	直接引语		间接引语		总计	
		数量	比例	数量	比例	数量	比例
1	供暖	18	17%	20	16%	38	14%
2	价格/花费/补贴	20	19%	15	12%	35	13%
3	能源问题	10	10%	22	18%	32	12%
4	对"煤改气"的态度/行动	15	14%	16	13%	31	12%
5	担忧/问题	11	10%	19	15%	30	11%
6	环境	13	12%	7	6%	20	7%
7	法规/管理	4	4%	15	12%	19	7%
8	煤炭污染治理	7	7%	8	6%	15	6%
9	天然气的评价	7	7%	3	2%	10	4%
10	未分类	—	—	—	—	39	14%
	总计	105	100%	125	100%	269	100%

从表8中可以发现，关于供暖问题的引语表述最为丰富，紧跟其后的是关于价格和能源问题的阐述，统计结果实质上是和4.1部分的统计结果相呼应。关于问题表述的引语数量位列第五，实际上说明了在"煤改气"实施的过程中的确存在一些问题和困境。还有某些特定的话语主题并未进行分析，是因为关于某个话题的引语数量太少或是由于引语本身并没有特定含义。

通常来讲，直接引语直接呈现了说话者的立场和观点，因而直接引语的使用能够加强文本的权威性和客观性，因为这种话语表述方式等同于提供"支持某人事实话语表述的证据"（Baynham，1996），直接引语的大量使用能够使读者信服话语产出者的不偏不倚。但系统功能语言学家认为"选择即意义"。直接引语的选用很大程度上受到话语生产者的立场和意识形态的影响，可以认为，直接引语也是间接传递意识形态的一种方式（洪亚星、董小玉，2005）。例如报道中引用的玛多县副县长张强的话语："我们正大力推广电热炕、光伏供热等多种供暖方式"，体现了政府正在广泛地开发多种形式的供暖途径而非单一依靠天然气的使用。通过引用张强的话，记者间接地呈现出了政府的工作智慧和努力。又如，记者借通州区潞城镇崔家楼村村民张万东之口进一步表达了对政府工作的认可："比烧煤干净，暖和又方便，开关一开就行。不用搬煤、半夜起来笼火，夜里睡觉都踏实多了。"通过直接引语的使用，《人民日报》记者强化了政府果断的、灵活的和贴合实际的正面形象。

在新闻报道中，直接引语的数量少于间接引语的数量，实际上是因为记者通常更喜欢将话语信息转变为间接引语的方式（辛斌，2006），这种观点得到了费尔克劳（Fairclough，1995）的印证，他认为大众传媒更倾向于运用间接引语模糊报道者和被报道者之间的界限。在所有的 24 篇报道中，间接引语所占比例为 53%，如果将未进行话语主题分类的间接引语包含在内，所占比例为 54%，仍高于直接引语 46%的比例。在转述的过程中，记者能够便捷地使其使用的引语更加匹配自己的声音和意识形态。如："在改用燃气后，省了好多事儿，而且采暖的效果有保障，以前烧煤，屋里一般 14 至 16 摄氏度，现在可达 20 摄氏度，而且温度可调节，方便又卫生"，通过转述河北省固安县牛驼镇南王起营村村民李伟的话，记者实际上在这个过程中已将自己的意识形态融入间接引语中，借用李伟的声音间接呈现了其本身对天然气使用以及"煤改气"工程的赞赏，当然这一切无疑最终还要归功于政府的扶持。

直接引语和间接引语在《人民日报》中的使用通过"自建"的方式传递了对政府工作的极力肯定，对于促进"煤改气"工程进一步平稳发展起到了至关重要的作用。记者借助来自政府工作人员、企业员工、普通群众以及众多专家学者不同的声音，多角度塑造了一个强有力的政府形象，这无疑是一个非常恰当的构建政府形象的途径，一方面增强了读者对于报道本身的认同感，同时易于在社会中激起广泛的共鸣，推进"煤改气"工程进一步的发展。

5. 总结

话语即意义，词语的选择可以塑造不同的形象特征。从政府形象本身来看，本文运用话语分析和基于语料库的方法相结合的方式，对词频、词丛和搭配进行了提取，通过定量和定性分析，多方面呈现了《人民日报》中政府形象的塑造过程。呈现出的积极的政府形象极大地贴合了政府本身作为"服务者"的自我定位：保障群众的基本权益。通过对文本的分析，一个强有力的、充满活力的和日益成熟的政府形象通过特定表达的反复使用被凸显出来，例如：采取更加严格的措施、集中力量、因地制宜、超额完成、多种方式推进和提高补助标准等。此外"市"和"政府"的高频率出现彰显了政府在整个工程实施和推进过程中不可或缺的作用，紧跟在"市"和"政府"之后的搭配词更是折射出了《人民日报》记者自身的意识形态以及巩固政府自我定位的形象的目的。

从构建政府形象的话语策略方面，过度词汇化和互文性是"煤改气"报道中两个典型的话语策略。基于对词频表的分析，本文对动词进行了提取并详细地分析了位于动词前面的修饰词。研究发现，积极的修饰语被过度使用从而强化了政府通过实施"煤改气"工程对保障供暖、能源安全以及环境防治方面的突出贡献和努力，从而刻画了积极的政府形象。此外，"煤改气"相关的报道中插入了大量的引语，直接引语和间接引语的使用在传递报道者声音的同时也佐证并加强了政府形象的可信度。更为重要的是，引语的大量使用能够在社会产生共鸣，从而减少"煤改气"推行过程中的阻力，加快"煤改气"工程在更多地区的普及。

注释：

① 本文选取的语料出自北京外国语大学图书馆自购数据库"人民日报图文数据库"（https://librm.bfsu.edu.cn/web/index.htm），语料提取时间为2018年4月13日至5月5日。

② 笔者是在表4的基础上，结合语料本身，对于"万""元""亿"等进行了进一步筛选、统计和分析，得出了"'亿元'出现了13次""'千万'出现了5次""'万'出现了18次""'元'的表述多达30次"的数据，这是针对政府投入资金的具体数额的表达。表4是基于所有新闻话语文本的词频统计，不单单是涉及政府投入资金。

参考文献：

Baker, P. & McEnery, A. 2005. A corpus-based approach to discourses of refugees and asylum seekers in UN and newspaper text. *Language and Politics*, (4): 197-226.

Baynham, M. 1996. Direct Speech: What's It Doing in Non-narrative Discourse. *Journal of Pragmatics*, (25): 61-81.

Benoit, W. L. 1997. Image Repair Discourse and Crisis Communication. *Public Relation Review*, 23(2): 177-186.

Boulding, K. E. 1956. National images and international systems. *The Journal of Conflict Resolution*, 3(2): 119-231.

Brown, G. & Yule, G. 1983. *Discourse Analysis*. Cambridge: Cambridge University Press.

De Fina, A., D. Schiffrin & Bamberg, M. (eds.). 2006. *Discourse and Identity*. Cambridge: CUP.

Dickson, M. & Stoker, G. 2000. Models of local governance: political theory and public opinion in Britain. *Masui the Japanese Journal of Anesthesiology*, 21(3): 282-288.

Easton, D. & Dennis, J. 1965. The Child's Image of Government. *The ANNALS of the American Academy of Political and Social Science*, 361(1): 40-57.

Fairclough, N. & Wodak R. 1997. Critical Discourse Analysis. In T. A. van Dijk (ed.). *Discourse Studies: A Multidisciplinary Introduction*. London: Sage.

Fairclough, N. 2003. *Analyzing Discourse: Textual Analysis for Social Research*. London and New York: Routledge.

Fairclough, N. 1995. *Media Discourse*. London: Edward Arnold.

Fasold, R. 1990. *The Sociolinguistics of Language*. Beijing: Foreign Language Teaching and Research Press & Blackwell.

Firth, J. R. 1957. *Papers in Linguistics 1934-1951*. London: Oxford University.

Fowler, R. & Kress, G. 1979. Critical Linguistics. In R. Fowler, R. Hodge, G. Kress & T. Trew (eds.). *Language and Control*. London: Routledge & Kegan Paul.

Kroskrity, P. 1999. Identity. *Journal of Linguistic Anthropology*, 9(1-2): 111-114.

Lichter, S. R., Lichter, L. S. & Amundson, D. 2000. Government Goes Down the Tube: Images of Government in TV Entertainment, 1955-1998. *Academic Achievement*, 5(2): 96-103.

Paulo, M. 2016. The role of e-Governance in Europe's image of the Chinese Communist Party. *International Communication Gazette*, 78(1-2): 442-443.

Richardson, J. E. 2007. *Analyzing Newspapers: An Approach from Critical Discourse Analysis*. New York: Palgrave Macmillan.

Stubbs, M. 2001. Computer-assisted text and corpus analysis: Lexical cohesion and communicative competence. In D. Schiffrin, D. Tannen & H. Hamilton (eds.). *The Handbook of Discourse Analysis*. Oxford: Blackwell.

Teo, P. 2000. Racism in the News: A Critical Discourse Analysis of News Reporting in Two Australian News Papers. *Discourse & Society*, (11): 14-20.

van Dijk, T. A. 1988. *Ideology: A Multidisciplinary Study*. London: Sage.
van Dijk, T. A. 1991. *Racism and the Press*. London: Routledge.
Waugh, L. R. 1995. Reported speech in journalistic discourse: The relation of function and text. *Text*, 15(1): 129-173.
柴改英、刘佳丽，2019，地方政府外宣形象的及物性语法隐喻研究，《外语电化教学》，第 1 期，44-50 页。
陈新仁，2014，语用学视角下的身份研究：关键问题与主要路径，《现代外语》，第 5 期，702-710 页。
韩金保、于洁、牛璨，2018，河北省居民生活煤改气对大气污染物排放量的影响研究，《安全与环境学报》，第 5 期，1977-1981 页。
郝新东，2013，《中美能源消费结构问题研究》，武汉大学博士学位论文。
洪亚星、董小玉，2005，被仰视的中国：从文本建构到形象塑造——基于纪录片《超级中国》的批评话语分析，《新闻界》，第 13 期，24-29 页。
蒋春堂，2001，《政府形象探索》，北京：中国国际广播出版社。
李铁松、方云祥、张泽洪等，2005，南充市煤改气行动计划政策案例研究，《西华师范大学学报》，第 1 期，85-88 页。
李永，2015，试论自媒体话语建构与地方政府形象的塑造，《郑州大学学报（哲学社会科学版）》，第 3 期，165-168 页。
李战子、庞超伟，2010，反语言、词汇语法与网络语言，《中国外语》，第 3 期，29-35 页。
刘虹，2015，"煤改气"工程，且行且慎重——基于北京市"煤改气"工程的调研分析，《宏观经济研究》，第 4 期，9-13 页。
刘小燕，2005，《中国政府形象传播》，太原：山西人民出版社。
刘小燕，2005，政府形象传播的理论框架，《现代传播》，第 4 期，48-50 页。
潘峰、黑黟，2017，新闻发布会汉英口译中的政府形象构建——以人称代词 we 的搭配词为例，《外语与外语教学》，第 5 期，45-51，72 页。
钱毓芳，2010，语料库与批判话语分析，《外语教学与研究（外国语文双月刊）》，第 3 期，198-202 页。
尚媛媛，2001，语境配置与语篇体裁之间的关系——从功能语法谈英语新闻标题语的语言表达特点，《解放军外国语学院学报》，第 6 期，28-41 页。
孙红梅，2015，批评话语分析视角下的主观报道倾向与中国国家形象建构，《济宁学院学报》，第 2 期，32-36 页。
王仰东、范毅、李享等，2011，低碳经济与高技术服务业的可持续发展，《科技导报》，第 5 期，65-68 页。

吴雁冰、张芳，1998，北京市"煤改气"燃气工程建设几个问题的探讨，《城市煤气》，第 11 期，6-10 页。

项蕴华，2009，身份建构研究综述，《社会科学研究》，第 5 期，188-192 页。

谢蒙蒙、麻彦坤，2016，话语分析的哲学基础：建构主义和批判理论，《赣南师范大学学报》，第 5 期，80-84 页。

谢玉红，2015，奇观文化视阈下网络新闻标题的认知研究——以 BBC 女王加冕 60 周年庆典报道为例，《外语研究》，第 2 期，17-20、26，112 页。

辛斌，2013，中文报纸新闻标题中的转述言语（下），《当代修辞学》，第 6 期，20-25 页。

辛斌，2006，《中国日报》和《纽约时报》中转述方式和消息来源的比较分析，《外语与外语教学》，第 3 期，1-4 页。

熊伟，2011，《话语偏见的跨文化分析》，武汉：武汉大学出版社。

袁军、冯尚钺，2013，突发性公共事件与政府形象修复策略研究，《现代传播》，第 10 期，31-33、51 页。

詹全旺，2006，话语分析的哲学基础——建构主义认识论，《外语学刊》，第 2 期，14-19 页。

周淑慧，2018，对当前我国天然气供应紧张问题的思考，《国际石油经济》，第 2 期，28-37 页。

Construction of Government Images in Coal to Gas Conversion Discourse by *People's Daily*

Ma Qianyue, Shijiazhuang Posts and Telecommunications Technical College

Liu Lihua, Beijing Jiaotong University

Abstract: The essay is instructed by theory of social constructivism to explore construction of government images in Coal to Gas Conversion related news reports published from March 5th, 2013 to March 5th, 2018 in the view of discourse analysis. It is shown that in the specific process of discourse construction, reporters of *People's Daily* demonstrate governments' outstanding contribution and actual profits of Coal to Gas Conversion project in solving the problem of air pollution, energy, heating supply and so on by means of discourse.

Presentation and construction of government images in Coal to Gas Conversion discourse are resulted from many factors, a powerful, energetic and mature government image is presented to readers and intensified with different forms of discourse, and active construction of government images plays a critical role in pushing further conduction and generalization of Coal to Gas Conversion project.

Key words: Coal to Gas Conversion project, government images, discourse construction, *People's Daily*

作者简介：

马千越，女，研究生。研究方向：话语分析。

刘立华，男，教授，博士。研究方向：系统功能语言学、话语研究、跨文化传播。

公共话语功能文体历时研究与中国话语文化性

——以《人民日报》元旦社论为例*

◎ 郝兴刚　　鲁东大学外国语学院；同济大学外国语学院
◎ 李怀娟　　鲁东大学外国语学院

摘　要　语言研究既需要共时观也离不开历时观，历时研究在功能文体学中一直得不到应有的重视。本文拟在功能文体学前景化理论基础上，采取自下而上的分析程序，兼顾失协与失衡两种突出形式，尝试对《人民日报》中的7篇元旦社论（分别为1950、1960、1970、1980、1990、2000、2010年元旦社论）进行全面的功能文体历时比较，以发现60年来在及物性、语气和情态、主位结构以及字系特征等主要次系统中的演变和规律，并在此基础上阐释中国话语文化性在本土化研究中的必要性，从而有助于当代中国特色话语研究范式的建构并推动当前的功能文体研究。

关键词　中国话语文化性；功能文体分析；元旦社论；历时研究

1. 引言

功能文体学是系统功能文体学的简称，强调从语言功能的角度分析文学作品，注重意义的生成过程，因为"作为社会建构体，语篇中不存在固定的意义，语篇理解是动态的过程而非静态的产品"（Birch，2005：42），其奠基之作是韩礼德的论文《语言功能和

---

* 通讯作者：郝兴刚
联系地址：山东省烟台市（264025）鲁东大学外国语学院109办公室
电子邮件：xghao@126.com

文学文体》(Halliday, 1971)。此后，不断有学者（Leech & Short, 1981；刘世生，1994；申丹，1997；张德禄，1999；宋成方、刘世生，2015）对该理论进行阐述，厘清了学界的一些认识误区，有力地推动了功能文体学进一步发展。现代文体学之父雅各布森也主张语言学和文学研究应互为补充，认为"语言学家对语言的诗学功能充耳不闻，或文学研究者对语言问题漠然置之，说明二者都是明显的落伍了"(Jakobson, 1960: 377)。与传统的文体分析不同，功能文体派普遍认为语言的功能理论是进行文体研究的有效工具，它注重情景语境和语言表达形式的密切联系（申丹，1997；张德禄，1999；刘世生、宋成方，2010；Canning, 2014），其理论框架特色鲜明，分析工具较为精细，在对语言特征的描述上，张德禄等（2015: 128）认为它比形式文体学更有说服力。

如今功能文体学研究已大大超出了文学语篇范围。在公共话语领域如新闻语篇中，学界主要从共时的视角对其进行了功能文体研究（Crystal & Davy, 1969；Brook, 1979；秦秀白，1986；王佐良等，1987；Birch & O'Toole, 1988；钱瑗，1991；O'Donnell & Todd, 1991；徐有志，1992；张德禄，1998；张德禄等，2016），这些成果极大地丰富了受众对新闻意义潜势的认识，但美中不足的是缺少历时方面的研究，Birch（1988: 168）认为"偏重共时而忽略历时就会减少读者的意义选择"，从而影响受众的充分解读。历时研究有助于揭示不同时期对意义潜势资源的选择以及语言作为系统网络的发展演变（phylogenesis），刘世生、宋成方（2010: 18）曾指出"历时文体学是文体学研究的一个重要方面，功能历时文体学的研究目前还比较少见"。我国学界陆续展开了对《人民日报》元旦社论的历时分析，张意轩（2015）从新闻传播学的角度探讨了不同历史时期的社论风格特色，但缺少系统的词汇语法分析框架；黄莹（2011）、刘悦明（2012）、武建国等（2017）相继采用历时的视角研究元旦社论，但由于理论框架和研究目的所限，他们仅阐释了西方功能视角下人际意义这一种元功能的实现，未能关注概念意义和语篇意义，不能充分体现语篇的文体特征变化。此外，由于我国从总体上来说尚未建立一套完整、系统的当代中国话语理论，在研究中国现象时不得不依靠西方的旨趣、观念、标准和方法，结果是巩固了西方的学术话语霸权，淡化了自己的文化身份和声音（施旭，2013: 51），因此，在本土化研究中很有必要彰显中华学术的文化身份，以重塑自己的学术话语，实现话语研究的文化多元化和学术创新（施旭，2008: 136）。由此本文拟在功能文体学中的前景化理论基础上，采取自下而上的分析程序，兼顾失协与失衡两种突出形式，尝试对《人民日报》中的7篇元旦社论（分别为1950、1960、1970、1980、1990、2000、2010年元旦社论）进行系统全面的功能文体历时研究，以发现60年来在及物性、语气和情态、主位结构以及字系特征等主要次系统中的演变和规律。在此基础上，为确切、充分地反映中国的现实与需要，本文引入中国话语文化性概念，从三个主要维度考察上述历时演变中的话语及话语主体，既丰富当前的功能文体研究，又能帮助我们认清、提高自己的话语实践，从而对当代中国特色话语研究体系建设有所贡献。

2. 情境语境前景化

系统功能语言学认为语言是一个由多层级的系统网络构成的意义潜势，主张选择就是意义，形式体现功能。人们既可以通过语篇预测语境，也可以通过语境预测语篇，二者是密不可分的。乌尔巴赫（Urbach，2013：317）明确指出，"重视语境以及学会把语境整合到语言理论中去，这对那些欲充分有效解读社会生活中语言的语言学家来讲至关重要"。语境包括文化语境和情境语境，其中情景语境作为文化语境的示例，其变量——语场、语旨和语式分别制约对概念、人际和语篇语义系统的选择，语义系统又制约着对词汇语法系统以及字系或音系系统的选择，从而生成各种语篇。语篇中的概念功能主要由及物性体现，人际功能由语气、情态和人称代词等体现，语篇功能由主位结构、信息结构和衔接等体现。由于语篇是在情境语境的制约下通过意义的选择生成的，张德禄等（2015：71）认为，"文体效果是情境语境中的前景化"，即突出的语言形式只有与情境语境通过功能建立起相关性才能实现前景化，具有文体效果。

所有的文体分析归根到底都是对文体效果的分析和解释（张德禄等，2015：67）。与形式文体学流派所坚持的文体效果即偏离的观点不同，韩礼德功能文体学派强调前景化概念，即有动因的突出才能产生特定的文体效果，这里的突出特征既包括失协（incongruity）——质的偏离，也包括失衡（deflection）——量的突出。前景化是相对于语篇的整体语境和意义而言的，韩礼德（Halliday，1973：112）认为，"除非突出对作者的整体意义有贡献，它就似乎缺乏动因，一个突出的特征只有与语篇的整体意义相关时才能前景化"，即是说只有它们的功能与情境语境建立起相关性，成为有动因的突出时，才能实现前景化。在此基础上，张德禄等（2015：66）认为性质的突出（失协）和数量的突出（失衡）是两种重要的突出形式，没有必要厚此薄彼。

因此，我们在分析语篇的功能文体特征时，采用张德禄等（2015：69）提出的自下而上的分析程序并兼顾文体研究的分析—解释—评价三个步骤，首先基于元功能模式分析语篇在词汇语法层和字系层的突出特征，包括失协和失衡，然后上升到情景语境层面阐释这些突出特征在语境中的功能以确立有动因的突出并进行语篇间的功能文体历时比较，最后从文化语境的层面分别对语篇的功能文体特征在实现不同时代的传播价值时所发挥的作用进行评价，如图1所示。

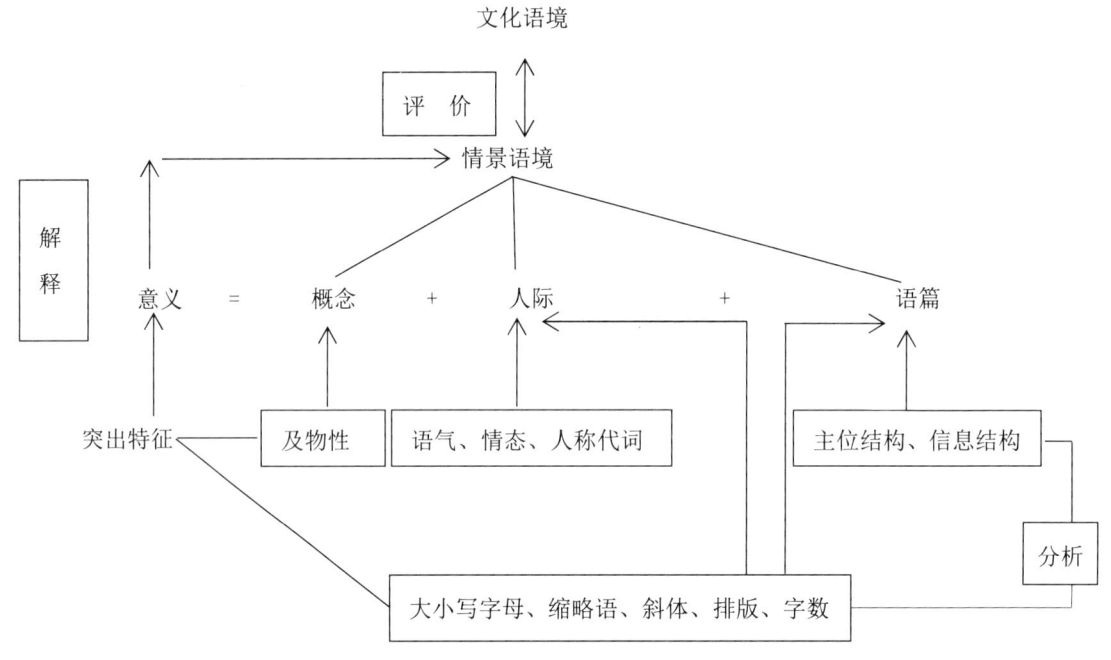

图 1 社论功能文体分析框架

3.《人民日报》元旦社论功能文体历时比较

新闻评论是在传播媒体中发表的评论性文章的总称，是一种公共话语，"它是一种特殊的功能文体，它所肩负的社会功能是通过评论本身所持有的态度、立场和观点来影响、劝服潜在读者和作者达成一致的认识，进而采取行动，即评价和劝说"（柳淑芬，2013：83），有着鲜明的文体特色。在我国，社论是新闻评论的一种特殊存在形式。《人民日报》作为中共中央的机关报，是党和政府政治传播的重要载体（张意轩，2015：79），是最具权威、最有影响力的全国性报纸，其中元旦社论每年定期发布，能够折射社会变迁和社会关系的变化。囿于篇幅，本文仅选取了 7 篇元旦社论，分别代表了中华人民共和国成立初期（E1，1950）、"三年经济困难"时期（E2，1960）、"文化大革命"时期（E3，1970）、改革开放初期（E4，1980）、发展时期（E5，1990）、21 世纪初期（E6，2000）和高速发展时期（E7，2010）这 7 个我国社会发展所经历的重要阶段，主要探讨发生于词汇语法层面和字系层面的功能文体特征变化。研究文体就要关注其中的词汇语法，哈桑（Hasan，1989：194）曾指出，"文体不能独立于语法而存在；文体上的差异恰恰产生于精密语法"。

3.1 词汇语法特征

3.1.1 及物性

语场制约着概念功能对及物性的选择。及物性由物质、心理、关系、行为、存在和言语六大过程体现,它们共同建构了人类的外部或内部经验。不同社会语境会导致及物性系统建构上的差异,见表1。

表1 7篇社论及物性系统比较

社论编码	过程总数	物质		心理		关系		行为		存在		言语	
		个数	比例(%)	个数	比例(%)	个数	比例(%)	个数	比例(%)	个数	比例(%)	个数	比例(%)
E1	211	148	70.1	9	4.3	44	20.9	0	0	0	0	10	4.7
E2	130	55	42.3	10	7.7	58	44.6	0	0	0	0	7	5.4
E3	179	111	62.0	15	8.4	44	24.6	1	0.6	0	0	8	4.5
E4	236	144	61.0	18	7.6	67	28.4	0	0	0	0	7	3.0
E5	165	96	58.2	13	7.9	50	30.3	0	0	1	0.6	5	3.0
E6	146	87	59.6	24	16.4	31	21.2	0	0	0	0	4	2.7
E7	98	61	62.2	10	10.2	26	26.5	0	0	0	0	1	1.0

经统计,在上述7篇元旦社论的独立级阶小句(不考虑级转移小句)中,物质过程、心理过程和关系过程作为三个主要过程,在每篇社论中的占比都超过了90%(分别为95.3%、94.6%、95.0%、97.0%、96.4%、97.3%、98.9%),这与人们在社会语境下的各种经历相适应,是作为实例化的语篇从语言系统中进行选择的结果。这种量的突出是有其动因的,是与社论发生的情景语境相适应的。根据哈桑(Hasan,1996:53)的体裁结构潜势(GSP)理论,我们发现社论语篇结构中存在两个必选成分,可标记为回顾过去、展望未来。首先对过去一年的事件和行为进行回顾、总结,其次对来年的规划和方针政策进行展望。社论作为党的方针政策的代言人,要集中反映并传播党在当前时期对重大政治、经济、文化等事件的态度和立场,以及对时局的敏锐洞察力,必然需要物质、心理和关系过程进行语境重置。因此,它们在社论中的大量使用与构建语篇的整体意义相关,从而构成了社论语言的显著文体特征,其中物质过程聚焦动作/行为的发生,动作性较强(辛斌,2005),强调动作者和目标,具有较强的宣传性和鼓动性;心理过程刻画内心世界,关系过程突出评价与判断,这两者均与思维活动密切相关。韩礼德(Halliday,1971)曾指出,物质过程可体现参与者的积极性与主动性,而心理过程和关系过程会削

弱主动性，常用于构建被动性，因此在本研究中我们将考虑每个社论中心理和关系过程的总体表现，并与对应的物质过程相比较。有趣的是，我们发现这60年间元旦社论的文体特征在逐渐发生变化。物质过程占比（70.1%、42.3%、62.0%、61.0%、58.2%、59.6%、62.2%）呈现先降后升并逐步趋于稳定趋势；心理和关系过程占比之和（25.2%、52.3%、33%、36%、38.2%、37.6%、36.7%）表现为先升后降并趋于稳定。物质过程在20世纪50年代的社论中占比最高，心理与关系过程占比之和最低，反映了中华人民共和国成立初期以对民众斗志的大力提倡与鼓舞为主（如：肃清/加快/解放），以对内心活动（如情感、感知、认知、评判等）的建构为辅，属于典型的战争/建设话语；到了60年代则明显下降，体现了困难时期更强调对国内外严峻形势的思考与判断（如：展望/是/不是），而非继续激励民众的干劲，因而心理与关系过程占比上涨明显；到了70年代，物质过程占比开始迅速上升，心理与关系过程占比之和迅速下降，反映了该特殊时期对民众热情与干劲的重新鼓舞，更需要构建主动性，体现了鲜明的革命话语特色；进入80年代以后，物质过程占比基本处于相对稳定状态，变化不大，心理与关系过程占比之和亦是如此，略有上升但此后相对稳定，充分体现了党和政府在新时期宣传大政方针时也能同时兼顾对国内外局势的评判与思考，高瞻远瞩，更能合理引导民众。从总体来看，三大过程所占比例呈上升势头。从中华人民共和国成立初期的完成胜利、巩固胜利的喜悦，60、70年代的摸着石头过河的困惑，80年代改革开放春风的沐浴，到90年代直至21世纪的经济繁荣、国力强盛，我们国家在认识上经历了由感性到理性过程质的飞跃。对待社会发展中的新现象、新问题，不再去盲从他人，而是逐渐学会明察秋毫，渐趋理智；由当初大刀阔斧、轰轰烈烈地建设社会主义社会到21世纪的冷静思考，关注可持续发展，这一切的社会变迁投射到社论语篇中，使得三大过程呈现上述变化，达到了引导社会舆论的目的。与此相反，言语过程数量则呈现明显的递减趋势。尽管与三大主要过程相比，社论中的言语过程数量偏少，似乎不足以构成文体特征，但它们的出现符合哈桑（Hasan，1989：96）提出的前景化标准（即违背相关背景而凸显），具有隐喻的意义，因而也具有一定的文体特征，这仍然与不同历史时期的社会情境相适应。70年代之前属于唯"领袖论"是从时期，为增强说服力和权威性，社论中惯于多处直接引用领袖人物的观点；80年代党和人民扭转乾坤，粉碎"四人帮"，全国上下欢欣鼓舞，人们开始反思历史，吸取教训，社论语篇中出现"总结""提出"等间接言语投射，且主语均为"我们"，未出现直接引语；从90年代起，社论中言语过程的数量明显下降，以只出现被投射小句的自由直接引语为主，偶尔也会存在直接引语，如"江泽民指出""邓小平指出"，但每篇评论中仅出现一两处。毋庸讳言，言语过程数量的变化是我们国家时代变迁的结果，体现了情景语境中的前景化特色。

3.1.2 语气和情态

3.1.2.1 语气

语气作为实现人际意义的重要手段，为人际功能提供互动意义潜势（郑元会，2008：80）。语气主要由主语和限定成分体现。根据交流物的不同，韩礼德和马西森（Halliday & Matthiessen, 2014: 185）区分了直陈（indicative）和祈使（imperative）两类语气类型，其中前者可再分为陈述和疑问。

从小句语气类型（表2）看，7篇社论中出现了陈述句和祈使句的大量使用，且均为语气与言语功能使用的一致式（congruity），即陈述语气——提供信息，祈使语气——求取商品和服务，量的突出也与社论语篇的整体意义建构相关。语气结构的使用受制于元旦社论发生的情景语境。从语旨看，交际双方一方是代表党和政府立场的权威机构，另一方是作为受众的广大人民群众。权威机构作为信息的主要来源，有向其下属及大众提供信息的义务和责任，同时它们又有权力向大众提出要求，所以必然要借助陈述语气和祈使语气来建构人际功能。我们发现，陈述句的使用频率经历了先升后降到再升随后渐趋稳定的过程，同时祈使句的使用频率相应地呈现先降后升再降然后逐渐稳定的趋势。这与60年间的社会语境变化是分不开的：20世纪50年代的社论以发动群众，号召军民团结一致争取解放全中国为主要目标，与其余语篇相比，祈使句使用较多，陈述句使用较少，体现了该时期对行政命令依赖性较强，建构了交际双方较远的社会距离以及不平等的社会地位；在60年代，说话者主要总结中华人民共和国成立以来的成就以及分析当前困难，必然需要提供大量信息，因此陈述句使用突然上升，而祈使句相应下降；进入70年代，由于革命话语的特色，说话者惯于使用大量的口号标语（如团结/坚持）来发动群众，因此陈述句的使用下降较快，祈使句突然上升；80年代以后，"拨乱反正"已见成效，我国进入改革开放新时期。说话者在告知和宣传时更加注重信息的提供，以摆事实、讲道理为主，并进一步弱化命令式语气的使用，因此陈述句使用呈上升态势，祈使句使用则下降，表明了说话者在主动建构和谐的交际关系方面所做的努力。总之，随着社会发展、人类不断进步以及文明程度的提高，我们提出了科学发展观以及构建社会主义和谐社会的要求，不再单纯依靠行政命令去发动群众，而是越来越关注以人为本的科学发展观，在传播党的方针政策时更加注意动之以情、晓之以理，更加团结群众，这一切投射出了社会发展中语旨（交际双方地位）的不断变化。

表 2　小句语气类型比较

社论编码	小句总数（个）	陈述句（个/%）	疑问句（个/%）	祈使句（个/%）
E1	192	114/59.4	1/0.5	77/40.1
E2	118	104/88.1	3/2.5	11/9.3
E3	171	94/55.0	0/0	77/45.0
E4	219	130/59.4	0/0	89/40.6
E5	155	108/69.7	0/0	47/30.3
E6	130	88/67.7	0/0	42/32.3
E7	83	56/67.5	0/0	27/32.5

3.1.2.2 情态

系统功能语言学认为，情态是介于肯定和否定两极之间的一个连续统（cline）。艾金斯（Eggins，1994：179）指出，情态（modality）表明"语言使用者可以用各种方式来干预信息，表达各种态度以及判断"，包括情态词和意态词，其中情态词涉及可能性和通常性，而意态词包括义务和意愿。情态还是"关于明确评论的语法"（Simpson，2004：123），体现语言在建构社会现实时的各种不确定性，因而在评论类语篇中得到广泛应用。韩礼德（Halliday，2004：362）基于主语对所表达命题/提议的有效性进行赋值，把情态分为高值、中值和低值三类。正确的舆论导向的确立既需要及时准确地表明党和政府的立场和态度，又要运用一定的情态成分与受众协商，以实现社论语篇中的人际功能，情态成分的使用属于社论语篇的突出特征。我们对上述语篇中情态成分以及其中"必须"的使用频率分别进行了统计。情态成分的使用经历了先降后升再降的变化（见表3）：从20世纪50年代到70年代，情态成分使用呈逐渐下降趋势，协商性偏弱，权威性渐强，体现了当时说话者倾向于建构一个拥有较高可信度和权威性的形象，以"有效地带领民众克服困难，将'文化大革命'进行到底"；到了80年代，情态成分使用开始上升（如：将/要/能/必须），有较强的协商性，体现了说话者对改革开放初期我国面临的挑战和机遇的各种建构；此后，情态成分使用一直处于下降趋势，协商性减弱，权威性渐强，反映了90年代以来在经济、社会飞速发展过程中，我们对时局的判断更加准确，底气更足，构建了一个更加务实和高效的政府形象。

此外，我们着重分析了情态成分中"必须"的使用。汉语里，"必须"常表示意态，即义务或意愿，属于高值意态词，能"体现较高的责任感和义务以及期望程度"（魏本力，2005：57）。研究发现，高值意态词"必须"在情态成分中的出现频率呈现先降后升到再降再升的趋势（见表 4）：从 20 世纪 50 年代到 70 年代，"必须"的使用频率逐渐下降，表明在改革开放之前我们党和政府基本是在不断尝试、摸索中建设社会主义，不断会遇到艰难险阻的挑战，因而在宣传方针政策时会有所保留，形成中低值意态词使用频率上升，高值意态词频率下降的状况；80 年代，"必须"的使用频率显著增加，建构了较强的责任感/义务感。随着十一届三中全会的召开，国家开始推行改革开放并为社会主义建设规划了宏伟蓝图，为更好体现党和政府在新时期实施大政方针的坚定信念和勇于担当的风范，高值意态词"必须"使用频率就会上升；90 年代，"必须"的使用频率开始缓慢下降，建构了党和政府的谨言慎行。我们虽然取得了社会主义建设的巨大成就，但前进道路上仍然面临诸多困难，尤其受东欧剧变、苏联解体以及某些政治事件的影响，在制定和宣传政策时要把各种困难因素考虑在内，韬光养晦。此后，"必须"的使用频率开始逐步上升，并在 2010 年达到高峰，建构了不断增强的责任感和担当风范。经济社会的飞快发展和迅速融入全球化进程不断证明党中央英明决策的重要性，突显党和政府有足够信心和能力领导全国各族人民迈出中华民族伟大复兴的新步伐，以及全面建设小康社会的坚定信念和顽强魄力。

表 3　情态成分比较

社论编码	总句数（个）	情态成分（个/%）
E1	192	39/20.3
E2	118	22/18.6
E3	171	31/18.1
E4	218	53/24.3
E5	155	37/23.9
E6	130	27/20.8
E7	83	6/7.2

表 4　高值意态词"必须"频率统计

社论编码	情态成分（个）	"必须"（个/%）
E1	39	4/10.3
E2	22	2/9.1
E3	31	1/3.2
E4	53	9/17.0
E5	37	5/13.5
E6	27	4/14.8
E7	6	3/50

3.1.3 主位结构

主位结构体现了语篇组织功能，由主位和述位两部分构成。马丁和罗斯（Martin & Rose，2007：198）发展了韩礼德的功能语言学理论，从语篇语义层面上提出了宏观主位（macro-theme）和超级主位（hyper-theme）之分。小句主位之上是超级主位即段落主题句，超级主位之上则是宏观主位如标题、前言等，宏观主位可以预测超级主位，超级主位可以预测小句主位，由此推动语篇建构。7 篇社论中的宏观主位分别都是第一自然段，统辖全文。为方便研究，我们只考察宏观主位中各小句的相互依赖和逻辑语义关系，以发现 60 年间是否发生了语篇组织上的变化，其中数字（1，2，3）表示并列联合关系，字母（α 和 β）表示从属关系，符号（=，+，×）分别对应详述、延伸和增强的语义关系：

E1：1+2α（1+2）+2×β+3（1+2）
E2：×β1（1+2）×β=2 α（1+2）
E3：×β α
E4：×β（1=2）α×β（1+2+3）α
E5：×β（×βα）α×β（1+2）α（1+2）
E6：×β（×βα）α×βα（1+2+3）
E7：×β（×βα）×β（1+2）α　α（1=2）

在小句逻辑结构问题上，哈桑（Hasan，1989：32）认为，"并列是一种较简单的关系，而从属或级转移往往呈现出更大的复杂性"。通过分析可以发现，社论小句的相互依赖关系由最初的并列联合为主（如 E1、E2）发展到从属关系（E3）以及后来从属关系的逐渐增强和级转移小句的增加（如 E3、E4、E5、E6、E7），逻辑语义关系也相应地由详述（=）、延伸（+）为主逐渐发展到以增强（×）和延伸（+）为特色，大致经历了由简单到复杂的变化。20 世纪 80 年代以前的社论既要做到全方位提供信息，又要保障信息的传达准确有效，因此简洁易懂、清晰明了为其主要诉求（张意轩，2015：80），多会采用并列关系，这与当时信息传递的渠道和媒介单一有直接关系。90 年代，随着科技的进步，信息传播的手段丰富起来，加上人们受教育程度的提高和观念的转变，社论开始强调雅正，对文字的修饰逐渐得到重视（张意轩，2015：81），因此小句之间的关系趋于复杂多变也就成为必然趋势。当然这一切变化都要以可读性为基础。

3.2 字系特征

系统功能学派认为，情景语境构型体现为语义选择，语义选择体现为词汇语法，进而体现为对字系音系系统的选择。其中字系特征主要体现为字数、写法、标点符号以及排版模式等，它们在语篇文体建构中也发挥重要作用，毕竟"没有不存在文体的语言区域"（Halliday，1973：112）。

3.2.1 字数

字数作为语篇的一个重要字系特征，体现一定的文体特色。字数的选择与当时的情景语境有很大关联，见表5。

表5 总字数与句均字数

社论编码	E1	E2	E3	E4	E5	E6	E7
总字数（个）	3848	3198	3812	3658	2804	2380	1570
小句数（个）	192	118	171	219	155	130	83
句均字数（个）	20	27	22	17	18	18	19

如表5所示，社论中的总字数呈递减趋势，尤其从20世纪90年代（E5）开始表现最为明显，其次每个小句的平均字数也在逐渐减少，从80年代开始均低于20字。这与传播媒介的发展息息相关。大众传媒的不断发展，使公共话语的主体在数量和种类上都有了极大的增加（施旭，2010：135），从最初的报纸、收音机，发展到后来的电视机、电影、互联网等，大大改变了人们交流、传播信息的方式，人们的观念也随之改变。首先，受众在多媒体时代可以通过各种途径来获得海量信息，无论视频、音频还是文字，尤其随着快餐文化的流行，长篇累牍式的社论费时低效，很难为读者所接受。其次，就产出的角度而言，语言应该更加精炼，正如表5所示的逐步减少的句均字数，社论也没有必要像80年代以前那样，毕竟我们生活在多媒体时代，可以随时随地获取信息；同时，字数的减少还受产出成本影响，为控制成本就要节约版面。总之，无论从社论产出还是接受的角度而言，社论字数的减少作为一种"社会认同实践（socially recognizable practice）"（Hasan，2009：178），属于有动因的突出，势在必然。

3.2.2 双引号的使用

《中华人民共和国国家标准标点符号用法》明确指出引号的用法有四种：①表示行文中直接引用的话。②表示需要着重论述的对象。③表示具有特殊含义的词语。④引号里面还要用引号时，外面一层用双引号，里面一层用单引号。不考虑直接引用，我们统计了7篇社论中双引号的使用次数：E1（0次），E2（10次），E3（11次），E4（3次），E5（5次），E6（4次），E7（4次）。社论中的这些双引号要么表示②，要么表示③，没有发现④。不难发现，双引号的使用经历了由无到有，在6篇社论中得到了不同程度的应用（E1除外）。相比其他常见标点符号如句号、逗号等，它们的出现可看成质的偏离，实际上这种偏离也由其情景语境所致，也参与社论整体意义的建构，比如 E2 中的"两条腿走路""最暗淡""威胁"，E3 中的"心脏""困难的年代""勃列日涅夫""九大"，E4 中的"四人帮""左"，E5 中的"和平演变""一个中心，两个基本点""三部曲"，E6 中的"法轮功""两国论""九五"，E7 中的"中国答卷""十一五""十二五"，都简单明确地概括了那个年代和其后面临的主要问题，具有显著的时代特色。要传播大政方针，以正确的舆论引导民众，就要努力吸引受众注意力，因此可适时地对重点要点进行前景化处理，表示强调、讽刺或否定等特殊含义，除了使用词汇语法结构，双引号等标点符号的应用也扮演着重要角色。在 E1 中，由于刚刚完成新民主主义革命，还未解放全部国土，当时的主要任务就是完成胜利，巩固胜利，如标题所言，国家还未转入生产建设的轨道，许多政策根本来不及制定，更无法预测发展中遭遇的一系列问题，所以未出现表示着重论述或特殊意义的双引号，这种未出现属于"强制性（imperative）而非选择性（choice）"（Urbach，2013：307），但在共时研究中却一般不会受到关注。随着社会的不断发展，新的问题会涌现，新的方针政策会陆续颁布实施，双引号的使用也就成为必然，从而使语言符号的意义潜势不断得到扩展。

4. 中国话语文化性阐释

话语是指在特定的社会、文化、历史环境下，人们运用语言进行交际的事件或这样一类现象（施旭，2010：3），因此研究话语必然离不开对特定的历史和文化因素的探讨。在中国话语研究问题上，施旭（2013：52-53）指出，话语具有特殊的文化属性，当代中国话语通过对传统的反思而变化发展。话语不是一成不变的，作为中国政治话语的《人民日报》元旦社论，其话语主体在不同文化/社会语境下体现为不同的社会建构策略，因而功能文体特征呈现有规律地逐渐变化的趋势，正确解读这种规律性更离不开中华话语的文化性。正确认识当代中国话语的规律性，就要充分挖掘中国的文化语境，从中国自身的角度来认识其主体思想和言说行为，厘清中华文化圈的心理、伦理、信仰、社会生活条件等文化特性，因为中国人做人、说话、办事有自己的传统、习惯、准则、计策和具体的社会环境等（施旭，2008：136-138）。通过我们的研究，可以发现如下文化原则和策略影响公共话语和话语主体：

4.1 平衡和谐

中华传统文化以"礼"为最高的伦理标准，这就将社会性、道德性确立为中华文化及其话语的根本属性（Chen，2001；姚亚平，1996）。因而，基于当代中国社会主义制度的现实状况和关于近代西方列强凌辱中国的历史记忆，当代中国话语以"平衡和谐"为最高话语原则，主要表现为对社会或人际关系的平衡和谐的遵守或追求，更加反映在对于他人、社会的观照上，具有更深厚的社会性、道德性和利他性（施旭，2013：54）。在本研究中，三大过程在历年元旦社论中的变化趋势（表 1）基本呈现了元旦社论话语语境"由战斗话语、革命话语向建设话语，由政治话语向经济和人文话语、民生话语的演变"（张意轩，2015：80）以及话语主体不断调整建构策略以正确做好舆论导向，这恰恰反映了我们在通过意义识解经验的过程中，在意识到主体性的同时也更加重视人际互动和多元和谐——对他人和社会的思考与观照：由 20 世纪 50 年代的"完成胜利/巩固胜利"，60 年代/70 年代的"大跃进/无产阶级专政"，到 80 年代的"实现四个现代化"，90 年代的"两手抓"一直到 21 世纪的"科学发展观与生态文明建设"，充满人文关切色彩的词语不断涌现和重复，不再片面追求经济发展的高速度，而是注重以人为本，倡导人与自然和谐发展，天人合一的理念得到加强，也充分体现了话语在社会发展过程中可以决定发展方向的重要作用（施旭，2010：80），进而体现说话者为拉近交际双方的心理距离和追求人际关系的和谐平等方面所做的不断努力。

4.2 面子呵护

与西方话语的"面子"有很大不同，中国文化中的"面子"是一种重要社会价值（而非社会规范），在话语上表现为既维护、提升自己的价值，也同样地对待他人的价值（施旭，2013：55）。从语气的分析中可以看出，陈述句的使用频率经历了先升后降再升随后渐趋稳定的过程，同时祈使句的使用频率相应地呈现先降后升再降然后逐渐稳定的趋势（表 2），表明说话者根据不同社会语境不断调整话语策略，并逐步减少强制命令式的说教以尊重受众；从字系特征来看，无论是社论字数的逐年减少，还是双引号从无到有的变化，说明报道者正在降低受众认知负担。二者实际上都体现了话语主体对听/读者面子的尊重与维护。此外，情态成分和高值意态词"必须"在历年语篇中的应用状况（表 3 和表 4）表明我们国家对国内外局势的判断更加准确，立场更加坚定，责任感、使命感愈发强烈，体现了对国家积极面子的维护，因此传播效果也得到加强。

4.3 辩证思维

中国人的整体、动态宇宙观决定了其具有辩证的思维方式，在当代话语中，这种思维方式常常有这样的表现形式：注重整/总体性、整体与部分的关系，顾及事物的多元性以及内部多元因素之间的关系（或者说复杂性）等（施旭，2013：55）。根据我们的研究，社论中宏观主位的组织方式渐趋复杂化，由并列联合到从属依赖，由详述延伸发展到以增强为主（主要体现为时间状语从句），再加上级转移小句的高频次使用，体现了话语主体识解经验的变化过程。此外，每篇元旦社论话语中多次出现辩证话语，如"中国正在迅速地进步着"（1950），"过去的十年……而新的十年展现着无限的光明和希望"（1960），"革命在发展，人民在前进……曙光就在前头"（1970），"八十年代是光明的，充满希望的，也是严峻的，充满考验的"（1980），"在努力发展物质文明的同时，切实抓好精神文明建设"（1990），"承前启后，继往开来"（2000），"坚定必胜信心，增强忧患意识"（2010）等。这一切显示了辩证思维在我国话语中的广泛使用，彰显了党和政府在辩证的思维方式下不断创造新思想与新话语的过程，同时也说明了中华文化话语不断朝着更加丰富、智慧的方向发展的总体趋势（施旭，2008：137）。

5. 结语

在功能文体学中的情境语境前景化基础上，本文依据自下而上的分析程序对1950至2010年间的7篇《人民日报》元旦社论进行了功能文体历时研究，我们发现了一些共时研究中所忽略的现象：首先在词汇语法方面，物质过程占比呈现先降后升并逐步趋于稳定趋势；心理和关系过程占比之和表现为先升后降并趋于稳定；陈述句的使用频率经历了先升后降再升随后渐趋稳定的过程，同时祈使句的使用频率相应地呈现先降后升再降然后逐渐稳定的趋势；情态成分的使用经历了先降后升再降的变化，高值意态词"必须"在情态成分中的出现频率呈现先降后升到再降再升的趋势；社论小句的相互依赖关系及逻辑语义关系都经历了由简单到复杂的变化。其次，从字系特征来看，社论中的总字数呈递减趋势；双引号的使用经历了由无到有的变化。无论哪个层次的变化都离不开同期社会语境的制约。最后我们结合中国话语文化性的平衡和谐、面子呵护以及辩证思维三个维度重新审视了上述历时文体演变，较全面系统地认清了话语主体通过不断与历史传统和其他文化群体之间的互动建构社会现实。在中国话语研究中，只有坚持以文化转向为目标，才能准确地理解中国并指导东西文化间的平等对话，以促成中国话语研究既有广度又有深度的创新（施旭，2008：136-139）。由于我们的研究仅局限于7篇社论，所得数据和结论还有待于以后使用大规模语料库研究方法来进一步检验，在研究的广度和深度方面也存在一定的不足之处。但我们相信，在本土化话语研究中，更多地融入中国话语文化性理论，促进中西交叉合作，对建构当代中国话语研究范式大有裨益。

参考文献：

Birch, D. 2005. *Language, Literature and Critical Practice*. London and New York:

Routledge.

Birch, D. & O'Toole, M. (eds.). 1988. *Functions of Style*. London: Pinter.

Birch, D. 1988. Expanding semantic options for reading early modern English. In D. Birch & M. O'Toole (eds.). *Functions of Style*. London: Pinter.

Brook, G. L. 1979. *Varieties of English* (2nd edition). London: Macmillan Press Ltd.

Canning, P. 2014. Functionalist stylistics. In M. Burke (ed.). *The Routledge Handbook of Stylistics*. London and New York: Routledge.

Chen, G-m. 2001. Towards transcultural understanding: A harmony theory of Chinese communication. In V. H. Milhouse, M. K. Asante & P. O. Nwosu (eds.). *Transculture*: *Interdisciplinary Perspectives on Cross-cultural Relations*. Thousand Oaks, CA: Sage.

Crystal, D. & Davy, D. 1969. *Investigating English Style*. London: Longman.

Eggins, S. 1994. *An Introduction to Systemic Functional Linguistics*. London and New York: Continuum.

Halliday, M.A.K. 1971. Linguistic function and literary style: An inquiry into the language of William Golding's *The Inheritors*. In S. Chatman (ed.). *Literary Style*: *A Symposium*. Oxford: Oxford University Press.

Halliday, M.A.K. 1973. *Explorations in the Functions of Language*. London: Edward Arnold.

Halliday, M.A.K. 2004. *An Introduction to Functional Grammar* (3rd edition). London: Arnold.

Halliday, M.A.K. & Matthiessen, C.M.I.M. 2014. *Halliday's Introduction to Functional Grammar* (4th edition). London & New York: Routledge.

Hasan, R. 1989. *Linguistics, Language and Verbal Art* (2nd edition). Oxford: Oxford University Press.

Hasan, R. 1996. *Ways of Saying*: *Ways of Meaning*. London: Cassell.

Hasan, R. 2009. The place of context in a systemic functional model. In M. A. K. Halliday & J. Webster (eds.). *Continuum Companion to Systemic Functional Linguistics*. London: Continuum.

Jakobson, R. 1960. Linguistics and poetics. In T. Sebeok (ed.). *Style in Language*. Cambridge: Massachusetts Institute of Technology Press.

Leech, G. N. & Short, M. H. 1981. *Style in Fiction*: *A Linguistic Introduction to English Fictional Prose*. London: Longman.

Martin, J. R. & Rose, D. 2007. *Working with Discourse*: *Meaning beyond the Clause*. London:

Bloomsbury Academic.

O'Donnell, W. R. & Todd, L. 1991. *Variety in Contemporary English* (2nd edition). London: Harper Collins Academic.

Simpson, P. 2004. *Stylistics—A Resource Book for Students*. London & New York: Routledge.

Urbach, C. 2013. Choice in relation to context: A diachronic perspective. In L. Fontaine, T. Bartlett & G. O'Grady (eds.). *Systemic Functional Linguistics: Exloring Choice*. New York: Cambridge University Press.

黄莹，2011，《表征中国社会的话语：基于〈人民日报〉元旦社论的历时研究》，上海：上海外语教育出版社.

刘世生，1994，系统功能理论对现代文体学的影响，《外国语》，第 1 期，14-18 页。

刘世生、宋成方，2010，功能文体学研究，《外语教学》，第 6 期，14-19 页。

柳淑芬，2013，中美新闻评论语篇中的元话语比较研究，《当代修辞学》，第 2 期，82-86 页。

刘悦明，2012，《人民日报》元旦社论语篇评价手段历时分析，《西安外国语大学学报》，第 2 期，26-30 页。

钱瑗，1991，《实用文体学（上）》，北京：北京师范大学出版社。

秦秀白，1986，《英语文体学入门》，长沙：湖南教育出版社。

申丹，1997，有关功能文体学的几点思考，《外国语》，第 5 期，1-7 页。

施旭，2008，话语分析的文化转向：试论建立当代中国话语研究范式的动因、目标和策略，《浙江大学学报（人文社会科学版）》，第 1 期，131-140 页。

施旭，2010，《文化话语研究：探索中国的理论、方法与问题》，北京：北京大学出版社。

施旭，2013，当代中国话语的中国理论，《福建师范大学学报（哲学社会科学版）》，第 5 期，51-58 页。

宋成方、刘世生，2015，功能文体学研究的新进展，《现代外语》，第 2 期，278-286 页。

王佐良等（主编），1987，《英语文体学引论》，北京：外语教学与研究出版社。

魏本力，2005，情态动词的量值取向，《外语学刊》，第 4 期，55-59 页。

武建国、肖晓、胡满，2017，《人民日报》元旦社论的多视角历时分析——透视中国社会关系的变迁，《外语教学》，第 3 期，17-22 页。

辛斌，2005，《批评语言学：理论与应用》，上海：上海外语教育出版社。

徐有志，1992，《现代英语文体学》，开封：河南大学出版社。

姚亚平，1996，《当代中国修辞学》，广州：广东教育出版社。

张德禄，1998，《功能文体学》，济南：山东教育出版社。

张德禄,1999,韩礼德功能文体学理论述评,《外语教学与研究》,第 1 期,45-50 页。

张德禄、贾晓庆、雷茜,2015,《英语文体学重点问题研究》,北京:外语教学与研究出版社。

张德禄、张国、张淑杰、胡永近,2016,《英语文体学教程(第 2 版)》,北京:高等教育出版社。

张意轩,2015,人民日报 67 年元旦社论的话语变迁,《新闻战线》,第 5 期(上),79-81 页。

郑元会,2008,语气系统和人际意义的跨文化建构,《外语学刊》,第 4 期,80-84 页。

A Diachronic Approach to Functional Stylistic Analysis over Public Discourse & the Culturality of the Chinese Discourse
——A Case Study of the Editorials on New Year's Day in *People's Daily*

Hao Xinggang, School of Foreign Languages, Ludong University;
School of Foreign Languages, Tongji University
Li Huaijuan, School of Foreign Languages, Ludong University

Abstract: Linguistic studies should be undertaken both synchronically and diachronically, however, the diachronic approach has often been overlooked. Based upon the foregrounding theory in Functional Stylistics, this thesis has made an attempt to conduct a diachronic approach to functional stylistic analysis over seven New Year's editorials (i.e. 1950, 1960, 1970, 1980, 1990, 2000 & 2010) in *People's Daily* by taking into account incongruity and deflection by adopting bottom-up procedure, so as to explore the evolution and regularity in such major sub-systems as transitivity, mood and modality, thematic structure and graphology. In so doing, it further demonstrates the significance of the application of culturality in the localized research of the Chinese discourse, which may facilitate the construction of the discursive research paradigm with Chinese characteristics and the contemporary functional stylistic research.

Key words: culturality of the Chinese discourse, functional stylistic analysis, editorials on New Year's Day, a diachronic approach

作者简介：

郝兴刚，男，博士，鲁东大学外国语学院讲师。研究方向：系统功能语言学、文体学、叙事学、语篇分析。

李怀娟，女，硕士，鲁东大学外国语学院讲师。研究方向：英语教学法、话语分析。

通知中的权威及其动态特征与实现策略

——政府部门发布通知的"话语-历史"批评话语分析*

◎ 单晓静　　天津外国语大学英语学院

摘　要　本文运用沃达克提出的"话语-历史"分析方法对某政府部门就政务公开发布的一系列通知进行分析,研究政府部门在发布通知文本中涉及的主题、使用的语言手段和话语策略,用以揭示更高一级政府在生产和发布通知中所具有的权威性。研究表明,较低一级政府部门在通知发布过程中并非始终处于绝对的被动和受支配的地位,其对更高一级政府部门通知的贯彻与落实也可建构更高一级政府部门的权威性。

关键词　批评话语分析;"话语-历史"分析方法;话语策略;部门权威

1. 引言

机构及其具有机构身份的个体所具有的权威与其使用的语言有密切联系。一方面,机构的权威可以通过使用的语言来体现。例如,付海燕(2016)以中美两国博物馆馆长致辞为分析语料,发现在中国语料中专有名词、大量物质过程和关系过程的语言表达可以建构中国博物馆权威型的文化机构身份。丁冬梅(2019)对高中英语课堂中的教师话语进行分析,发现教师通过大量使用物质过程动词、区分参与者 I 和 You、使参与者 We 自然化等方式可构建权威型身份。刘渤(2017)以中国法院判决书为分析语料,发现国家机关和法律上的权威可以构建判决书的强制性,且这种强制性通过语言来实现。另一

---

* 通讯作者:单晓静
　联系地址:天津市河西区天津外国语大学马场道校区
　电子邮件:1751142121@qq.com

方面，机构可以通过使用一定的话语策略来建立自身的权威。刘璇（2016）对高校反抄袭话语进行批评话语分析，发现高校利用话语策略建构自身权威性的形象。魏小薇（2017）对一则政府部门的环保工作报告的分析发现上级政府在信息发布过程中利用话语策略建构对下级政府部门的权威性。郭聪利、郭松（2019）分析民政部发布的《意见》揭示出政府部门利用话语策略建构自身的权威形象。这些研究为认识机构权威与其语言使用的关系提供了借鉴，但是，由于局限于某一机构的权威，对于机构与机构之间，特别是不同级别机构之间权力关系在语言使用中的体现和建构，目前的研究还没有深度探讨。基于此，本文以国务院办公厅、山东省人民政府和济宁市人民政府关于政务公开的三篇通知为分析语料，运用批评话语分析研究中的"话语-历史"（discourse-historical approach）分析方法，探究处于较低层级政府部门对上级政府部门权威的服从与认同的话语策略。所谓"政府通知"，依据《党政机关公文处理工作条例》的解释，是"发布、传达要求下级机关执行和有关单位周知或者执行的事项，批转、转发公文"的重要公文，因此也是传达上级政府意志的重要载体。对政府通知中的权威性进行批评话语分析，不仅可以挖掘下级政府对上级政府权威的服从情况，还可以探析政府通知在社会管理上的作用。

2. 话语、权力及"话语-历史"分析方法

在沃达克（Wodak）的批评话语分析研究中，话语是语言在机构语境和社团语境运用中体现权力关系和再现意识形态的一种社会实践形式（田海龙，2009：157）。这种社会实践形式在"话语-历史"研究方法中被理解为彼此相连的同时或先后发生的语言活动（Wodak, 2001b）。也就是说，以社会实践或语言活动为体现形式的"宏观"话语包含许多"微观"的活动或话语，如在"政府通知"的话语中，就有"中央政府"与"地方政府"这些微观的话语。不论是宏观层面还是微观层面的话语，"话语-历史"方法都认为是开放的，不是封闭的。在这个意义上，这些话语的社会实践性会不断地创作出新的活动领域（field of action）。同时，话语作为社会实践的一种形式需要一定的语言形式来体现，或者说，需要以某种"文本"的形式参与社会实践。"文本"是话语参与社会实践留下的痕迹，这些文本之间的关系同样反映出话语参与社会实践所固有的网络关系（田海龙，2009：157）。换言之，政府部门发布的"通知"在语言使用层面表现为文本（Text）的形式；同时，这个"文本"不是孤立存在的，它是政府部门实施管理的一种形式，即它是一个实施管理活动的话语。在这个意义上，作为"通知"的"文本"是"话语"这一社会实践的体现形式。

话语不仅涉及语言使用本身，也与语言使用者之间的权力关系密不可分。所谓"权

力关系"即社会现实中存在的等级关系以及这种等级关系造成的后果（Wodak，2001a）。由于人与人、机构与机构之间的社会身份不同，所体现的社会权力也有所不同，这种权力的不平等体现在话语中就是话语权（魏小薇，2017）。换言之，处于主导地位的参与者主宰交际的发展；处于从属位置的参与者或认同现状，或试图抨驳（田海龙，2014：15）。因此，话语成为权力斗争的场所。不论是维持现有的权力关系，还是改变这种权力关系，都需要通过使用特定的语言来实现。在这个意义上，作为政府部门实施管理的体现形式，"通知"的文本形式就成为政府部门体现其权威的载体。处于较高层级政府部门对下级部门的权威，对社会活动的导向，对通知发布内容的实施，下级政府对通知内容的贯彻与落实，这些"权力关系"都需要在通知的文本中体现出来。

不仅如此，权力还具有动态变化的性质，即受支配的个体并非完全和永远是被动的，他们可以相信权力的正当性并信任行使权力的人，但是他们也可以改变他们对权力的认可进而对权力进行挑战（田海龙，2014：217）。将这一观点投射到我们对政府部门关于政务公开的通知的观察当中，可以认为，上级政府的通知之所以成为权威，是因为下级政府认可上级政府通知中的方针政策具有权威性。当下级政府相信上级政府会给他们一个满意、合理的通知时，下级政府会满足于被动接受的地位。但是，实际情况是下级政府不可能事先确认他们会得到满意的通知。这也意味着，下级政府潜意识里存在着对上级政府权威的不认可的可能性，因为下级政府会不甘于被动地接受上级政府的通知，而动用自己的话语资源，使用相关的通知话语，并在自身的通知中使用符合自身发展和实际的话语。在这方面，沃达克（Wodak，2001b）提出的"话语-历史"分析方法具有很强的操作性。

"话语-历史"分析方法主要包含三个方面的分析：第一是确定话语的具体内容或主题，以及该话语中隐含的意识形态意义。第二是研究话语与话语之间的"互语"关系和文本与文本之间的"互文"关系。例如，在对关于"政务公开"的"地方政府"的通知话语进行分析时，将这个话语与关于"政务公开"的"中央政府"话语联系在一起，发现它们都是关于政务公开的话语，进而将中央政府话语与地方政府话语的社会活动联系在一起，发现这两种话语之间存在权威性。在关注文本与文本之间的"互文"关系方面，布鲁玛特（Blommaert，2005）认为，互文性简单来说就是指人们讲话时总是不断地引用前人的词句，或者重复已经存在的词语的意义。这样一种在讲话时不断地使用别人的词语的事实表明每一个言语本身就是一个词语运用或滥用的历史，就是一个词语被解释和被评价的历史。因此，文本与文本之间主题的重叠可以被看作后续文本对前面文本的一种解释和评价，是文本之间联系的纽带。"话语-历史"分析方法所包含的第三个方面是研究话语中所涉及的主要话语策略。话语策略是连接不同交际者的意图和实现形式的中介(纪卫宁，2008)。"话语-历史"分析方法总结并区分了五类话语策略（Reisigl & Wodak，2001：45）：所指或提名策略（referential/nomination），谓语指示策略（predication），辩论策略及辩论题目（argumentation/topoi），视角化、框架化或话语再现策略（perspective, framing or discourse representation），强化或者弱化策略（intensification，mitigation）。

3. 分析语料

为监督和约束政府的行政权力，提高政府决策能力，建设人民满意的服务型政府，国务院办公厅在全国开展政务公开工作。国务院办公厅于 2018 年 4 月 8 日在中华人民共和国中央人民政府网站信息公开模块发布《国务院办公厅关于印发 2018 年政务公开工作要点的通知》[①]（以下简称《国务院通知》），随后山东省人民政府在其官网发布《山东省人民政府办公厅关于进一步做好政务公开工作的通知》[②]（以下简称《山东省通知》），然后济宁市人民政府也在其官网发布《济宁市人民政府办公室关于印发 2018 年政务公开工作任务分解表的通知》[③]（以下简称《济宁市通知》），在山东省各级政府完成 2018 年政务公开工作后，山东省人民政府与第三方机构——山东省计算中心合作，对山东省各级人民政府政务公开工作进行评估，并在其官网发布《2018 年山东省政务公开第三方评估报告》[④]（以下简称《评估报告》）。

本研究共涉及四个文本：《国务院通知》《山东省通知》《济宁市通知》以及《评估报告》。其中《国务院通知》共包含六方面内容，开头和结尾主题分别为落实党中央工作部署和督促下级政府实施通知的内容，中间四部分为四个大标题：着力加强公开解读回应工作，着力提升政务服务工作实效，着力提升政务公开平台建设以及着力推进政务公开制度化、规范化。《山东省通知》和《济宁市通知》开头主题均为贯彻党中央精神以及上级政府通知要求，后面共包含八个部分，且都为八个标题：围绕重大部署着力推进公开，围绕法治政府建设着力推进公开，围绕重点领域着力推进公开，加强解读回应扩大公众参与，加强办事公开提升服务实效，加强政务公开制度化、规范化建设，加强平台建设发挥公开载体作用以及加强组织保障构建政务公开大格局。《评估报告》开头主题也为政策要求，正文分为四个部分：评估工作与评估指标，评估结果，评估结果分析，深化政务公开工作的建议。第四部分的评估主题分别为行政权力运行公开、重点领域信息公开、依申请公开、政策解读与回应关切、政务公开平台机制建设。

4. 文本的内容和话题

"话语-历史"分析方法要求在对话语分析之前,首先要确定研究的内容或主题。"话语-历史"分析方法非常强调历史背景的重要性,认为只有根据历史背景才能确定所要分析的话语隐含着哪些意识形态意义,才能确定话语的具体内容和主题(田海龙,2009:156)。分析《国务院通知》《山东省通知》《济宁市通知》以及《评估报告》,可以发现其关注的焦点主要在政务公开的内容上,其中隐含的意识形态意义是更高一级政府部门在制定和发布关于政务公开的通知时对下级政府部门具有权威性,而且下级政府对其上级政府通知内容的贯彻和落实也可建构这种权威性。这一系列通知的制定与发布是不同行政级别的政府部门之间共同作用的结果。更高一级政府部门控制并支配通知的内容;接收通知的一方,即被施加权威的一方接受这种被支配的地位,服从并积极落实上级政府部门通知中的意志。这也是本研究中政府权威的含义。

5. 互语分析和互文分析

5.1 政府通知涉及的语体、话语和文本

在本研究分析的语料中,政府通知所涉及的语言活动发生在八个政治活动领域中:政府重大部署领域、法治政府建设领域、重点领域公开领域、政府解读回应与公众参与领域、政府办事公开领域、政务公开制度化规范化建设领域、平台载体建设领域和政府组织保障领域。与此同时,政府通知的话语体现在多种语体里,也就是说,话语以多种语体的形式出现。如在政府重大部署领域中,话语可以体现在"战略规划""行动或实施方案""新闻报道""法律""审批指南"和"专题专栏"等语体之中;在法治政府建设领域,话语可以体现在"决策草案""政府网站""听证座谈""调查研究""电视电话会议"和"建议和天办理复文"等语体之中;在重点领域公开领域,话语可以体现在"意见""公共资源交易公告""政策""公示""年度报告""定期通报""记录"等语体之中;在政府解读回应与公众参与领域,话语可以体现在"新闻发布会""效果评估""问责制度""通报批评""约谈""计划编制"和"互动栏目"等语体之中体现;在政府办事公开领域,话语可以体现在"指导意见""事项清单""审批""办理指南""问答知识库""资源库"等语体之中;在政务公开制度化规范化建设领域,话语可以体现在"基本目录""公文""发文请示件""公文审签单""建议"和"年度考核评估"等语体之中;在平台载体建设

领域，话语可以体现在"发展指引""互联网协议""政府数据""通知""政府公报""政务热线电话""备案"等语体之中；在政府组织保障领域，话语可以体现在"考评督查""考核指标""通报""公开条例""培训计划"等语体之中。这些政治活动的领域以及相关语体会涉及许多话语主题，包括：国家发展和政策要求、重大部署的公开，法治政府建设的公开，重点领域建设的公开，政策和政务解读，扩大公众参与积极性，加强办事公开、政务公开规范化建设，加强平台建设，加强组织保障，构建政务公开大格局等。沃达克（Wodak, 2001b）认为，这些政治活动的领域、政治活动领域中的各种语体以及所涉及的众多主题构成了话语与话语、文本与文本之间相互联系的基础。

对"政府通知"这个话语进行分析发现，话语与话语之间相互作用的"互语"关系体现在两个话语之间，一个话语就是"中央政府通知"，另一个话语就是"地方政府通知"。"中央政府通知"的话语隐含着命令、指导下级政府的意识形态，指导下一级政府贯彻落实国家的方针政策，进行国家事务管理的社会实践。"地方政府通知"这个话语隐含着下级政府服从上级政府权威的意识形态，进行着贯彻落实高一级政府安排的社会实践。这两个话语有着参与社会实践的共同特征，它们贯彻落实国家方针政策、进行社会管理的共同主题构成了这两个话语联系的基础。

5.2 政府通知的"互文"分析

文本与文本之间的"互文"关系首先体现在"地方政府通知"话语的两组文本之中。一组文本是《山东省通知》与《济宁市通知》。另一组文本是《山东省通知》《济宁市通知》与《评估报告》。三个文本都属于政治活动领域，属于政治语体。首先是《山东省通知》与《济宁市通知》之间的关系表现在：1)《济宁市通知》发布在《山东省通知》之后，如在两个文本最后注明落款日期，《山东省通知》是 2018 年 7 月 6 日印发，《济宁市通知》是 2018 年 7 月 30 日印发；2) 两个文本有很多重叠的主题，如"落实上级政府要求""重大部署公开""法治政府的建设公开""重点领域政务公开""解读回应与扩大公众参与""办事公开与提升服务实效""政务公开制度化规范化""加强服务平台建设"等；3)《济宁市通知》明确前指《山东省通知》中的主题。例如，在《济宁市通知》中，"按照《国务院办公厅关于印发 2018 年政务公开工作要点的通知》（国办发[2018]23 号）和《山东省人民政府办公厅关于进一步做好政务公开工作的通知》（鲁政办发[2018]21 号）要求"这句话不仅起到了连接两个文本的作用，更表明济宁市是在其所隶属的更高一级的政府——山东省人民政府的指导下开展工作的。

除了在《济宁市通知》中发现《山东省通知》中的内容或主题词以外，还发现《山东省通知》与《济宁市通知》主题之间的联系确立了二者文本之间的联系。《济宁市通知》

是对《山东省通知》主题的具体化，更具针对性。首先，《山东省通知》明确各项主题相关事项的执行主体，《济宁市通知》将这些相关主体具体到每个地区，将执行主体分为牵头单位和责任单位，工作任务和具体要求也是立足于《山东省通知》的主题而布置的。另外，《济宁市通知》的主题与《山东省通知》的主题相一致，且内容更为细致。例如，在"重大部署公开领域"的主题中，《山东省通知》主要包含三方面："聚焦乡村振兴、经略海洋、新旧动能转换做好公开"，"聚焦'三大攻坚任务'做好公开"，"聚焦'放管服'改革做好公开"；在《济宁市通知》中，这三方面又分别被划分为更为细致的内容，成为新内容的主题：在"聚焦乡村振兴、经略海洋、新旧动能转换做好公开"的主题中，《济宁市通知》又将其细分为"加强乡村振兴信息公开""加强新旧动能转换重大工程信息公开""做好建设首善之区文化强市信息公开"三部分，同时将"经略海洋"主题剔除；在"聚焦'三大攻坚任务'做好公开"主题中，《济宁市通知》又将其细分为"围绕防范化解重大风险推进公开""围绕精准脱贫推进公开""围绕污染防治推进公开"三部分；在"聚焦'放管服'改革做好公开"主题方面，《济宁市通知》将其细分为"做好权责清单调整与公开""推进事中事后监管信息公开""推进PPP项目信息公开"三部分。

另外，《山东省通知》《济宁市通知》与《评估报告》的关系主要表现在其主题的相关性上。三文本均强调上级政府的政策要求。《评估报告》中的"行政权力运行公开"的主题与《山东省通知》和《济宁市通知》中"重大部署信息公开"的主题是联系在一起的，《评估报告》的这个主题是《山东省通知》和《济宁市通知》主题的深化；《评估报告》中"重点领域信息公开"的主题与《山东省通知》《济宁市通知》的"重点领域信息公开"是一致的；《评估报告》中"依申请公开"和"政策解读与回应关切"的主题分别来自《山东省通知》和《济宁市通知》中的共同主题"公开制度化规范化"和"解读回应、公众参与"；《评估报告》中的"政务公开平台机制建设"涉及《山东省通知》《济宁市通知》主题中的"平台的载体作用"。

5.3 政府通知的"互语"分析

文本与文本之间的"互文"关系还体现在两组话语的文本之间。这两个话语是"地方政府通知"话语与"中央政府通知"话语。在这两个话语中，一组文本是"中央政府通知"话语中的《国务院通知》和"地方政府通知"话语中的《山东省通知》，另一组文本是"中央政府通知"话语中的《国务院通知》和"地方政府通知"话语中的《济宁市通知》，还有一组文本是"中央政府通知"话语中的《国务院通知》和"地方政府通知"话语中的《评估报告》。四者都属于政治活动领域，属于政治语体。

《国务院通知》与《山东省通知》的关系表现在：1)《山东省通知》发布在《国务

院通知》之后，如在两个文本最后注明落款时间，《国务院通知》是2018年4月8日印发，《山东省通知》是2018年7月6日印发；2)《国务院通知》与《山东省通知》有很多重叠主题，如"上级政府工作要求""加强政府公开解读回应工作""提升政务服务工作实效""政务公开平台建设""政务公开制度化规范化""下级机关认真落实"等；3)《山东省通知》明确前指《国务院通知》中的主题。例如，在《山东省通知》中，"按照《国务院办公厅关于印发2018年政务公开工作要点的通知》（国办发[2018]23号）要求"这句话将《国务院通知》与《山东省通知》连接在一起，同时也将地方政府话语与中央政府话语联系起来。

除了在《山东省通知》中发现《国务院通知》中的内容或主题词以外，还发现其与《国务院通知》主题间的联系也非常密切。《山东省通知》将相关事项执行主体列举出来，且执行主体均为《山东省通知》发布单位的下属机关，将《国务院通知》的内容规定得更加明确。在关于上级政府工作要求的主题中，两个文本都强调"党中央和党的十九大精神以及习近平新时代中国特色社会主义思想的指导"，《山东省通知》以《国务院通知》的内容为贯彻前提；在"重大部署公开"主题方面，《国务院通知》同时包括《山东省通知》的三个主题，即"法治政府建设公开""重点领域公开"以及"解读回应与公共参与"，《山东省通知》就相关内容进行了更加细致的解读，表明《国务院通知》的主题更具概括性和指导性；在《国务院通知》的"提升政务服务实效""推进政务公开平台建设"与"推进政务公开制度化规范化"的主题方面，《山东省通知》与其主题内容大致相同；《国务院通知》与《山东省通知》均强调下级政府贯彻实施上级政府政策和方针，《山东省通知》将该主题组织得更加细密，并将其具体考察措施分类列举，更具针对性。

《国务院通知》与《济宁市通知》的关系表现在：1)同前一组一样，《济宁市通知》发布在《国务院通知》之后，时间落款分别为2018年7月30日与2018年4月8日；2)《国务院通知》与《济宁市通知》有很多主题重叠，首先二者均强调贯彻落实政策的依据来源于上级机关，都强调"贯彻习近平新时代中国特色社会主义思想和中国共产党的十九大精神"，但《济宁市通知》还强调了国务院与山东省的通知要求（即《国务院通知》与《山东省通知》）；《济宁市通知》是《国务院通知》主题的具体化，《济宁市通知》依据《山东省通知》的分类，对《国务院通知》的主题进行了更加细致的内容划分。例如，在《国务院通知》"着力加强公开解读回应工作"主题中，《国务院通知》包含"围绕建设法治政府全面着力推进政务公开""围绕重点领域加大主动公开力度""围绕稳定市场预期加强政策解读""围绕社会重大关切加强舆情回应"四个次主题。而《山东省通知》依据《国务院通知》的划分，又将这四个次主题进行细致划分。例如，将其中的"围绕重点领域加大主动公开力度"主题划分为"推进财政决算信息公开""推进重大建设项目批准和实施领域信息公开""推进公共资源配置领域信息公开""推进社会公益事业建设领域信息公开""推进民生领域信息公开""推进国资国企和安全生产监管信息公开"六个方面。随后，在《济宁市通知》中，这六个方面又分别进行了详细划分，例如在"推进民生领域信息公开"主题上，《济宁市通知》将其分为"推进社会救助领域信息公开""推进教育领域信息公开""推进医疗卫生领域信息公开""推进环境保护领域信息公开""推进食品药品安全领域信息公开""推进住房保障领域信息公开"六个方面。由此可见，《国务院通知》是《济宁市通知》主题的概括，《济宁市通知》是对《国务院通知》主题的响应与细化。这些共同的主题不仅建立起文本与文本之间的联系，同时也建立起文本与话语的联系（田海龙，2009：162）。

另外，在《国务院通知》与《济宁市通知》两份文本的表述中也可看出两份文本之间以及"中央政府话语"与"地方政府话语"之间的联系。例如，《国务院通知》最后一段表述："各地区各部门要高度重视本要点部署的各项任务，结合实际提出具体措施，认真抓好落实，防止简单地以文件落实文件。加强政务公开工作能力建设，围绕贯彻落实新条例、政策解读、政务舆情回应等，抓好业务培训。加强督促检查，加强对政策解读、政务舆情回应、主要负责同志研究部署政务公开工作和参加新闻发布会等情况的考核评估。国务院办公厅适时组织落实情况专项督察和第三方评估，并通报结果。"该段的主题是要求各级政府认真贯彻落实政务公开工作，国务院将会对工作成果进行考察，这一主题在《济宁市通知》得到响应。《济宁市通知》写道："政务公开已纳入2018年度全市经济社会发展综合考核指标体系，各级各部门也要将政务公开纳入绩效考核体系。加强与第三方机构联系与合作，开展政务公开年中、年终评估，并进行通报。建立问题交办督查制度，对工作落实好的，予以通报表扬；对落实不到位的，予以通报批评或约谈整改。"这段表述不仅是《济宁市通知》对《国务院通知》内容的响应，更是对《国务院通知》的细化。由此可看出，济宁市人民政府对国务院的高度服从和认可，这表明国务院即中央人民政府在通知发布过程中的权威。

《国务院通知》与《评估报告》的关系体现在：1）《评估报告》发布在《国务院通知》之后，《国务院通知》是2018年4月8日印发，《评估报告》是2019年6月7日发布；2）《评估报告》中有"《2018年政务公开工作要点》（国办发〔2018〕23号）"等具有明确指向性的词语，将《国务院通知》与《评估报告》连接在一起，同时也将地方政府话语与中央政府话语联系起来；3）《国务院通知》与《评估报告》有很多重叠主题，如落实上级政策、"加强政府公开解读回应工作""提升政务服务工作实效""政务公开平台建设""政务公开制度化规范化""下级机关认真落实"等。

5.4 发现

通过对政府部门通知进行互语分析和互文分析，我们有以下发现。首先，就政府权威性的话语分析而言，话语与话语之间的"互语"分析体现在"中央政府通知话语"与"地方政府通知话语"两个话语的对比分析上。话语与话语的互语关系通过政治活动的领域、政治活动领域中的各种语体以及所涉及的众多主题联系在一起。同时，通过"中央政府通知话语"与"地方政府通知话语"之间的互语分析，发现中央政府对地方政府具有权威性，地方政府服从并认可中央政府通知，二者共同进行着发布信息、管理社会的社会实践。其次，通过互文分析发现，《国务院通知》的主题为《山东省通知》和《济宁市通知》主题的进一步概括，《山东省通知》与《济宁市通知》的主题为《国务院通知》主题的具体化，同时《济宁市通知》是对《山东省通知》主题的更进一步地解读和阐释，《评估报告》主题是《山东省通知》和《济宁市通知》主题的深化。由此可看出，更高一级的政府在通知的制定和发行过程中拥有权威性，这种权威性主要指各级政府间的权力和职能由国家明确规定，下级政府要以高一级政府的要求为准则，严格执行。再次，这种权威性还体现在，政府通知的发布和执行需要下级机关对更高一级政府的主观服从和价值认同。只有下级政府充分认可上级政府通知的要求和政策，并给予贯彻和落实，通知的内容和主题才能真正贯彻实施。最后，从以上分析中可看出，国务院下达政务公开的指导性的通知，山东省在其基础上将其建构成符合自身发展的通知文本，同时大量引用国务院通知中的话语，将其主题指向更高一级政府的话语以建构自身的权威性，随后将自身通知下发至其所属的下一级政府部门——济宁市人民政府，济宁市人民政府将省政府通知和国务院通知进一步细化，并结合自身特点增添新的内容，使通知内容更加具有可操作性。这不仅是下级政府对上级政府权威的认可和服从，更是下级政府维持和行使上级政府乃至国家法律赋予的权力的体现。低一级政府与上级政府共同进行政务公开工作的社会实践。

6. 政府通知的话语策略

"话语-历史"分析方法分析山东省政务公开通知话语的第一步是对通知的发布主体——政府和相关主题政务公开的历史和背景进行分析，确立了政府间的权威性。第二步通过分析"地方政府通知"话语与"中央政府通知"话语的关系以及两个话语内两组文本之间的关系，揭示了这些主题如何在话语中被表述以使政务公开的通知内容贯彻落实。第三步，进一步把分析的重点集中在语体和文本上，明确政府关于政务公开的通知运用了哪些话语策略构建起政府权威性的意识形态和主题。"话语-历史"分析方法研究文本中使用的话语策略应用在交际的不同层面，是连接不同交际者的意图和实现形式的中介体（纪卫宁，2008）。对文本进行分析时，"话语-历史"研究方法强调要按顺序进行，即一个小句一个小句地进行，而不是对整个文本用一个语法范畴进行分析之后再用另一个语法范畴分析（田海龙，2009：158）。

所指或提名策略。所指或提名策略是通过成员分类的方法将某个人归属于自己一方或对方，如提到某人的生理特征，使用自然化的或中性化的隐喻，以及使用"部分代表整体"或"整体代表部分"的借代等手段（田海龙，2009：158）以达到构建"内群体"和"外群体"的目的（季丽珺、吴庆宏，2013）。例如，在《国务院通知》中，"《2018年政务公开工作要点》已经国务院同意，现印发给你们，请结合实际认真贯彻落实"这句话中的"你们"将国务院的下级政府即各省级政府构建为"外群体"，表明其公正、庄严的特点；通知中的内容必须执行，体现通知贯彻落实的强制性。随后，在《山东省通知》中，"山东省人民政府办公厅关于进一步做好政务公开工作的通知"这个标题预示着这个通知的具体内容是山东省人民政府来执行，而非其他省级政府，这里的山东省人民政府代指山东省政府及其各级下属单位，其含义是：山东省政府收到国务院办公厅政务公开的通知后，对其内容和主题进行了进一步的解读和补充，以适应本地区发展的特点和需要，使通知更具可操作性。这里的话语策略在于将各级省级政府分为两部分：执行《山东省通知》的山东省人民政府和其他省级政府。表明山东省人民政府服从并认可国务院的通知，并将其内容构建成适合本地区机关而非其他省级机关执行的内容。《济宁市通知》的标题"济宁市人民政府办公室关于印发 2018 年政务公开工作任务分解表的通知"表明，执行任务分解表主题的是济宁市政府，而不是山东省其他市级政府和省级其他机关单位，将山东省政府归为他方，显示其庄重性以及对上级政府的服从和认可。

再者，《山东省通知》的"认真落实党中央、国务院关于全面推进政务公开工作的系列部署，按照《国务院办公厅关于印发 2018 年政务公开工作要点的通知》"，这句话的主语未列举出来，但实际上指代山东省各级市政府以及相关政府部门，将"党中央""国务院"归为他方，放在上一级的位置，显示出贯彻落实上级政府的政策通知是强制性的，进而表现上一级政府的权威性以及不可侵犯的特点；对于本级政府以及下级政府，《山东省通知》虽并未列明，但实际上将下级政府归为他方，显示出了山东省政府对其下级政府的权威。随后，在《济宁市通知》中写道"认真落实国家、省关于全面推进政务公开工作的系列部署，切实提高全市政务公开水平，按照《国务院办公厅关于印发 2018 年政务公开工作要点的通知》（国办发[2018]23 号）和《山东省人民政府办公厅关于进一步做好政务公开工作的通知》（鲁政办发[2018]21 号）要求，经市政府同意，现将《2018

年政务公开工作任务分解表》印发给你们,并提出以下意见,请一并认真贯彻落实。""国家""省"分别代指党中央、国务院和山东省人民政府,"你们"代指山东省济宁市的下级政府机关,表明济宁市人民政府将上下级政府均归为他方,表明通知内容的庄重性,对上级政府的信任、认可和服从,对下级机关使用"你们",表明济宁市人民政府在其下发通知过程中也拥有对其下级政府的权威性。

谓语指示策略。这个策略是指在谓语成分中(包括形容词)使用有否定意义或者肯定意义的词语赋予社会活动者正面的褒义或负面的贬义(田海龙,2009:164)。例如,在《国务院通知》,"做好 2018 年政务公开工作,要全面贯彻落实党的十九大和十九大二中、三中全会精神,以习近平新时代中国特色社会主义思想为指导,深入落实党中央、国务院关于全面推进政务公开工作的系列部署,坚持统筹兼顾、突出重点,大力推进决策、执行、管理、服务、结果公开,不断提升政务公开的质量和实效,推动转变政府职能、深化简政放权、创新监管方式,促进经济社会可持续发展,助力建设人民满意的服务型政府"一段中,"全面贯彻""深入落实""坚持""大力推进""不断提升""推动转变""深化简政放权""创新""促进""健康发展""助力建设""满意"等词语都是包含肯定意义的正面的词语,表明国务院对于推进政务公开的积极态度和决心。《山东省通知》的标题"山东省人民政府办公厅关于进一步做好政务公开工作的通知"中,"做好"是包含肯定意义的词,这里表明山东省人民政府对国务院通知内容的认可,显示出贯彻落实好上级政府要求的信心,也可看出省级政府对国务院通知的价值认同,体现出国务院对山东省政府的权威性。随后,《济宁市通知》中写道:"各级各部门要高度重视政务公开工作,大力强化组织领导,落实政府信息与政务公开工作责任制,明确分管领导、责任科室和具体联系人。各级各部门办公室要牵头做好推进、指导、协调、监督工作,加强业务知识学习,认真吃透上级文件精神,进一步理清工作思路。要充分发挥各级政务公开领导小组重大问题协调职能,主要责任人要亲自过问、定期听取汇报、协调解决问题,为政务公开工作创造良好环境。"从这一段表述中,可以发现,"高度重视""大力强化组织""落实""牵头做好推进""指导""协调""监督""加强""认真吃透""进一步理清""充分发挥"等词语也都是含有正面肯定意义的词,表明济宁市做好政务公开工作的决心和信心,更显示出济宁市人民政府对国务院和山东省政府通知内容的高度认可和坚决服从,表明更高一级政府在通知中显示的权威性。

辩论策略及辩论题目。"话语-历史"研究方法运用的辩论策略所涉及的辩论题目(topoi)包括:有用/有利、无用/无利、定义、危险或威胁、羞辱、公正、责任、累赘、财务、事实、数字、法律和权利、历史、文化、滥用。对这些题目做出肯定或否定的判断,可以达到证实正面和负面描述的辩论目的。首先,《国务院通知》《山东省通知》和

《济宁市通知》都有"深入贯彻落实习近平新时代中国特色社会主义思想和党的十九大，深入（认真）落实党中央、国务院关于全面推进政务公开工作的系列部署"的表述，充分表明推进政务公开工作是政府部门的责任，每一级政府的通知都强调这一点，表明由上及下的权威性。另外，三级政府通知中均强调："（各级）政府全体会议和常务会议讨论决定的事项、政府及其部门制定的政策，除依法需要保密的外应及时公开，以公开促进依法行政和政策落地见效，充分保障人民群众的知情权。"其中《山东省通知》在这段表述后面加上"各市政府和省政府各部门负责落实"的字样，《济宁市通知》在表述前面加上"牵头部门和责任单位"，"牵头单位"为"市政府办公室"，"责任单位"为"各县（市、区）政府，济宁高新区、太白湖新区、济宁经济技术开发区管委会，市政府各部门"。三级政府通知中的这段表述不仅表明推进政务公开有利于保障人民群众的知情权，而且表明政务公开工作由上及下的具体化，表明下级政府对上级政府事项的认可和服从以及认真贯彻落实，这也表明了更高一级的政府在通知的发布过程中拥有权威性，并且这种权威是由上级政府通知赋予的。

视角化、框架化或话语再现策略。运用这个策略，讲话者可以表达自己对话语涉及内容的看法，具体是在报道、描述、陈述或者转述事件或者言语的过程中，讲话者通过选取不同的视角将自己的观点融入自己的报道、描述、陈述或者转述中（田海龙，2009：159）。《山东省通知》以《国务院通知》为指导文件，构建了《山东省通知》，通过前文分析可知二者在主题上基本一致，但也有不同的地方。在《山东省通知》中，增加了围绕重大部署着力推进公开的主题，这是《国务院通知》中所没有的，重大部署主题主要包括三个方面：聚焦乡村振兴、经略海洋、新旧动能转换做好公开，聚焦"三大攻坚任务"做好公开，聚焦"放管服"改革做好公开。山东省政府在上级话语的基础上添加了新的话语内容，表明山东省政府结合自己的实际情况，明确了自身需要公开的重要内容，进而表明山东省政府认真贯彻落实国务院办公厅的通知，体现了国务院在通知中具有更强的权威性。随后，在《济宁市通知》关于"围绕重大部署着力推进公开"的主题中，删除了"经略海洋"的内容，并添加了"做好建设首善之区文化强市信息公开"和"推进PPP项目信息公开"的主题，这是济宁市结合自身发展特点进行的安排，显示了济宁市为做好政务公开工作所做的努力，这也是在贯彻实施上级政府的通知，是对上级政府的服从与认可，表明更高一级政府在发布通知的社会实践中掌握着更高决定权和权威。

强化或者弱化策略。这两个作用相反的策略可以调整（强化或弱化）话语中的后言语作用，从而使说话者对事实的认识程度得到确认或改变，使用这个策略可以使话语对现实的再现变得尖锐或者隐晦，在话语再现过程中起着很重要的作用（田海龙，2009：159）。首先，在三级政府关于政务公开的三个通知中，反复出现的词语是"公开"，用来强调进行政务公开的紧迫性和必要性。再者，如上文所分析的，三者都出现"党中央十九大精神"和"习近平新时代中国特色社会主义"的指引，以及在要求下级政府贯彻落实政务公开工作时都进行了反复强调，也体现了政务公开的必要性，同时反映出上级政府的权威性。最后，三则通知主题的一致性也反映了这一点，三者都包含围绕法治政府建设推进公开、围绕重点领域推进公开、加强解读回应扩大公众参与、加强办事公开提升服务实效、加强政务公开制度化规范化建设和加强平台建设发挥公开载体作用的主题。

从以上的话语策略分析可以看出，通过这些策略的使用，政府部门建构了权威性。首先，三则通知的主题具有一致性，即都是关于政务公开的内容，表明地方政府通知的内容必须以中央政府文件为指导，显示出中央政府文件贯彻的强制性。其次，《山东省通知》以及《济宁市通知》将通知内容指向已存在的更高一级的政府话语，体现出低一级的政府是在更高一级的政府的指导下发布通知的，反映出作为地方政府的山东省政府和济宁市政府对中央政府通知的服从。最后，《山东省通知》与《济宁市通知》以中央政府通知为指导原则，将通知建构成符合自身发展特色的话语，显示出中央政府通知贯彻的力度之大，表明地方政府对中央政府通知的高度认可。由此分析可知，更高一级政府在通知的制定与发布过程中拥有权威性。

7. 结语

本文运用"话语-历史"批评话语分析的方法探究政府通知话语，发现政府部门在发布通知的过程中具有权威性，这种权威性主要体现在两个方面：上级政府通知贯彻的强制性，以及下级政府对上级政府通知文本的主观服从和贯彻落实。这种政府权威性主要是通过语言手段和话语策略建构和实现的。本文通过互语和互文分析发现三则政府通知以及《评估报告》的发布时间是有序的，从《国务院通知》到《山东省通知》，再从《济宁市通知》到《评估报告》，下级政府通知指向上一级政府通知的主题和内容，同时下级政府通知与上级政府通知主题间具有重叠性，表明下级政府是在更高一级政府通知的指导下开展工作的，体现出上级政府部门的权威，而且这种权力关系决定了贯彻上级政府通知应具有的强制性。从另一个角度看，上级政府部门的权威也通过下级政府部门对通知的服从和落实得以建构。通过话语策略的分析可以发现，三则通知和《评估报告》在主题上具有高度一致性，这表明我国下级政府机关严格贯彻实施较高一级政府部门的通知，作为地方政府的山东省人民政府以及济宁市人民政府，在中央政府通知的指导下，建构了符合自身发展特色的政府通知，显示出地方政府部门对中央政府部门工作的贯彻力度之强，这种下级政府部门对更高一级政府部门通知的贯彻与落实也建构了更高一级政府部门的权威性。

致谢：

本文在撰写过程中，得益于天津外国语大学田海龙教授的悉心指导，谨向导师表示崇高的敬意和衷心的感谢。

注释：

①出处 http://www.gov.cn/zhengce/content/2018-04/24/content_5285420.htm，访问时间：2020年8月23日。

②出处 http://www.shandong.gov.cn/art/2018/7/6/art_2259_28092.html?from=timeline，访问时间：2020年8月23日。

③出处 http://www.jining.gov.cn/art/2018/8/8/art_13659_703796.html，访问时间：2020年8月23日。

④出处 http://www.shandong.gov.cn/art/2019/6/7/art_2275_33768.html，访问时间：2020年8月23日。

参考文献：

Blommaert, J. 2005. *Discourse: A Critical Introduction*. Cambridge: Cambridge University Press.

Fairclough, N. 1989. *Language and Power*. London and New York: Longman.

Fairclough, N. 1992. *Discourse and Social Change*. Cambridge: Polity Press.

Reisigl, M. & Wodak, R. 2000. *Discourse and Discrimination*. London and New York: Routhledge.

Wodak, R. 2001a. What CDA is about—A Summary of its history, important concepts and its development. In R. Wodak & M. Meyer (eds.). *Methods of Critical Discourse Analysis*. Thousand Oaks: Sage Publications.

Wodak, R. 2001b. The discourse-historical approach. In Wodak, R. & Meyer, M. (eds.). *Methods of Critical Discourse Analysis*. London: Sage Publication.

丁冬梅，2009，高中英语课堂中教师身份建构的批评话语分析，西南大学硕士论文。

付海燕，2016，中美博物馆机构身份的话语建构——基于语料库的批评话语分析研究，《天津外国语大学学报》，第6期，35-39页，79页。

郭聪利、郭松，2019，留守儿童文件中政府形象和权力的话语建构，《景德镇学院学报》，第 5 期，53-57 页。

纪卫宁，2008，话语分析——批判学派的多维视角评析，《外语学刊》，第 6 期，76-79 页。

季丽珺、吴庆宏，2013，《华盛顿邮报》关于哥本哈根气候会议报道中的中国形象的批判话语研究，《第十届中国跨文化交际国际学术研讨会论文集》，622-628 页。

刘渤，2017，中国法院判决书强制性的话语实现及其社会现实，中国石油大学（北京）硕士论文。

刘璇，2016，高校反抄袭话语中的权威建构与体现——批评话语分析视角，《话语研究论丛》，52-63 页。

田海龙，2006，话语研究的批评视角：从批评语言学到批评话语分析，《山东外语教学》，第 2 期，40-47 页。

田海龙、张迈曾，2006，话语权力的不平等关系：语用学与社会学研究，《外语学刊》，第 6 期，7-13 页。

田海龙，2009，《语篇研究：范畴、视角、方法》，上海：上海外语教育出版社。

田海龙、陈洁，2012，征求意见稿的话语策略：一则"征求意见稿"批评话语的启示，《当代中国话语研究》，第 4 期，8-16 页。

田海龙，2014，《批评话语分析：阐释、思考、应用》，天津：南开大学出版社。

田海龙、张穆瑶，2015，机构致歉的社会效果及其话语策略，《中国社会语言学》，第 1 期，31-40 页。

田海龙，2019，批评话语研究的三个新动态，《现代外语》，第 6 期，855-864 页。

魏小薇，2017，形象及权力关系的话语建构——环保报告披露过程的批评话语分析，《话语研究论丛》，第 2 期，76-87 页。

辛斌、赖彦，2010，语篇互文性分析的理论与方法，《当代修辞学》，第 3 期，32-39 页。

杨漪漪，2017，语篇——历史分析视角下安倍施政演讲中有关朝鲜主题政治话语的文本分析，《东北亚外语研究》，第 2 期，31-35 页。

The Dynamic Characteristics and Implementation Strategy of Authority in Notices: "Discourse-Historical" Critical Discourse Analysis on Governmental Department Notices

Shan Xiaojing, Tianjin Foreign Studies University

Abstract: This article uses "discourse-historical" approach in critical discourse analysis proposed by Ruth Wodak to analyze a series of public notices issued by a governmental department on government affairs, and study the themes, language devices and discourse strategies used by the government departments in the text of the notice, for revealing the authority of higher-level governments in the production and issuance of notices. Studies have shown that lower-level government departments are not always in an absolutely passive and controlled position in the process of issuing notices, whose implementation and realization of higher-level government departments' notices can also build the authority of superordinate ones.

Key words: critical discourse analysis, "discourse-historical" approach, discourse strategies, departmental authority

作者简介：

单晓静，女，天津外国语大学硕士研究生。研究方向：批评话语分析。

话中话：《红楼梦》直接引语中的元话语分析*

◎ 付晓丽　河北师范大学外国语学院

摘　要　直接引语是《红楼梦》人物语言的常见呈现方式，目前学界对《红楼梦》直接引语中的元话语使用规律探讨较少。本文综合借鉴国外学者的元话语反身模式和国内学者的相关论述，提出元话语具有两大区别性特征：自反性和羡余性。依据这两个特征，本文严格甄别出《红楼梦》直接引语中出现的 268 例元话语实例，并对这些实例的表现形式及篇章功能进行详细分析。结果表明：《红楼梦》直接引语中的元话语具有预展下文和构建联盟两大功能，且预展下文是首要功能。在《红楼梦》小说直接引语中，不同类型的元话语资源在语言形式上也有不同表现。

关键词　《红楼梦》；直接引语；元话语；预展下文；构建联盟

1. 引言

小说中的直接引语是常见的篇章现象，属于"嵌入篇章"（embedded discourse）（Dooley & Levinson，2008：8）。直接引语借助引号，把文本内容以更直观的形式呈现在读者面前，对塑造文学人物形象、凸显文学主题发挥着重要作用。对于小说作者而言，突出文本中的人物世界的最好方式是采用直接引语，这是吸引读者的一大利器（Cohn，1978）。

《红楼梦》人物语言研究一直是学界热点，如常淑丽（2010）对林黛玉语言的可曲

---

* 通讯作者：付晓丽
联系地址：河北省石家庄市南二环东路 20 号　河北师范大学外国语学院
电子邮件：fufuxiaoli@163.com

解情况进行了剖析；张少杰（2018）对道歉语进行了语用研究等。目前用元话语理论对文本直接引语考察的成果还较少。本文拟在这方面进行尝试。

2. 元话语的本质特征

元话语是篇章研究的重要话题。元话语的本意是"关于话语的话语"（discourse about discourse），最早于1959年由美国学者哈里斯（Zellig Harris）提出。一般认为，元话语的系统研究始于20世纪80年代中期库尔波尔（Vande Kopple）的立论。库尔波尔（Vande Kopple，1985）提出，元话语是有关基本命题信息内容以外的话语，它指的是引导读者去组织、分类、解释、评价语篇所负载信息的一套机制。元话语能充分体现言者/写作者对自己话语篇章的意识，帮助听者/读者顺利理解篇章意义及表达对篇章的主观评价（Hyland，2005）。

当前，国际学界对元话语概念及分类并没有统一标准，既有广义的以英国学者海兰德（Hyland）为代表的"广义元话语"，又有以北欧学者莫兰恩（Mauranen）和阿德尔（Ädel）为代表的"狭义元话语"（付晓丽、徐赳赳，2012）。我国汉语学界认可度较高的是海兰德（Hyland，2005）的元话语模式（方梅，2019）。但海兰德本人承认，其元话语模式是为描写正式的、书面语的学术篇章而研发的。小说文本中的直接引语显然非学术篇章，海兰德的元话语模式未见得适合做此类研究的理论框架。考察《红楼梦》直接引语中的元话语使用情况，我们不能盲目照搬、机械套用海兰德元话语模式，而是要回到元话语概念的根本，深刻了解其语用价值，从而探索出一条更适合描写口语篇章元话语的新路。

本文认为，元话语有两大区别性特征：一是自反性，二是羡余性。元话语的自反性由其本身的"元"字（即"meta"）所决定。元话语的自反性特征，早已在语用学领域得到确认。早在20年前，维索尔伦（Verschueren，1999）就认定元话语是指出于某种语用目的，自反性地谈论某些话语时所使用的话语。在判定某个语言表达是否为元话语时，反身性是非常重要的一个评判标准（Ädel，2006；Mauranen，2010）。

元话语的第二个显著特征是羡余性。学界一般倾向认为，元话语表达不属于命题内容。与承载硬核信息的命题内容相比，元话语的作用显得次要，它在很大程度上属于"羡余成分"（而非"冗赘"）。这些羡余成分虽在语义上贡献较小，但在语用方面却有较大价值。它或是增加了理解上的明晰度，或是增加了一些新的附加意义和情味（潘先军，2013）。元话语虽不是对客观世界进行描述，但它能组织话语篇章并直接反映言者/作者的情感态度。

3. 元话语判定标准

鉴于元话语有"自反性"和"羡余性"两大特征，本文认同"狭义元话语"概念。借鉴阿德尔（Ädel，2006）研究方法，制定以下评定标准：

3.1 "自反性"评定标准

元话语是"关于话语的话语"，要确定哪些表达是元话语成分，就需要先行确定哪些语句表达属于被关涉的部分，即话语成分。本文仿拟"元语言"和"对象语言"这对术语（李子荣，2006），使用"元话语"和"对象话语"来分别指称元话语及那些被元话语关涉的话语。在行文铺排上，元话语一般先于对象话语，居于对象话语的左侧。例如，在"我告诉你：我明天出差"这句话中，"我告诉你"是元话语，"我明天出差"是对象话语。在日常口头交际中，元话语有时会出现在对象话语的右侧，其功能与"追补话语"（after-thought）（赵元任，1979）大致相当。

3.2 "羡余性"评价标准

从形式上看，元话语与我国传统语法"独立成分"（胡裕树，1995）的概念有很多相似之处（付晓丽、徐赳赳，2012）。因此，本文把"是否可以独立"作为判定元话语的一个重要原则，从句法、语义这两个层面来判定。句法层面的操作是：将某个元话语候选成分从其语境中清除，然后观察剩余的篇章在句法结构上是否有显著的成分缺失，如缺少主语、谓语等。语义层面的具体操作是：将某个元话语候选成分从其语境中清除，然后观察剩余的篇章是否在语义上受到严重影响，即上下文读起来是否依旧顺畅和连贯。如果某个元话语候选成分能同时满足以上句法、语义两个条件，本文就把它视为一个元话语实例。反之，则不被视为元话语实例。

依据以上标准，我们对《红楼梦》直接引语中的候选元话语进行筛选，严格甄别出268个元话语实例。元话语与对象话语中间，往往有逗号或冒号分隔，如例一黛玉与宝玉交流，下划直线部分为元话语，波浪线部分为对象话语。

例一：
黛玉忙笑道："咱们雪下吟诗？依我说，还不如弄一捆柴火，雪下抽柴，还更有趣儿呢。"（第三十九回，p.526）①

例一中"依我说"是元话语。句法方面,"依我说"在形式上是一个独立成分。如果将"依我说"从原句中清除,剩余语句结构依然完整。语义方面,"依我说"相当于英语 in my opinion,属于非命题内容。如果将"依我说"从原句中清除,剩余部分的意义也不会发生明显改变。例一中的"依我说",看似"羡余",但却在篇章组织方面发挥着重要作用。林黛玉通过这个表达,向宝玉发出注意力信号,为她随后提出个人主张做好言语上的铺垫。这种铺垫也是林黛玉谨慎性格的话语表现。

4. 元话语功能及形式表现

通过细读 268 个元话语实例,本文归纳出直接引语中的元话语分类模式。

4.1 元话语功能类别

语言最基本的功能是传递新信息。本文根据对象话语是/否新信息的情况,将对象话语分为"焦点话语"和"背景话语"两种类型。"背景"是指听者和言者双方都共知并认可的前提;"焦点"是指一个句子的语义的重心所在(方梅,1995)。如果对象话语有新信息,就认定它为焦点话语;如果对象话语传递的不是新信息,则认定为背景话语。

根据以上划分,《红楼梦》直接引语中的元话语可大致分为"预展下文"和"构建联盟"两大宏观功能。当对象话语是焦点话语时,元话语的篇章功能是预展下文;当对象话语是背景话语时,元话语的篇章功能是构建联盟。预展下文宏观功能之下有三个子范畴:告知、评论和问询。表1对元话语功能类别进行了总结。

表1 《红楼梦》直接引语中的元话语功能类别

宏观功能	微观功能		例子
预展下文	告知	言者向听者传递新信息	"我告诉你""还有一事"
	评论	言者对自话进行评论	"这话本不该我说"
	问询	言者向听者寻求新信息	"我且问你""我问你"
构建联盟		言者邀请听者共同构建篇章意义	"你瞧瞧""你也知道"

表1列举的功能范畴是大致分类。事实上由于元话语使用的复杂性,功能范畴的边界会有模糊地带。有时元话语可兼具两种微观功能,如例二。

例二：

（探春与宝玉交流）"……还有笑话呢：就是上回我给你那钱，替我带那顽的东西。过了两天，他见了我，也是说没钱使，怎么难，我也不理论。谁知后来丫头们出去了，他就抱怨起来，说我攒的钱为什么给你使，倒不给环儿使呢。"（第二十七回，p.370）

"还有笑话呢"这个元话语具有双重功能，它既是告知标记也是评论标记。探春口中的"他"是指其生母赵姨娘，探春在告知宝玉关于赵姨娘的一件新鲜事。由于探春素日对赵姨娘很是鄙视，在提到关于赵姨娘的事情时，忍不住地要表达一下自己的态度和立场。于是，她特意在"还有呢"这三个语词中插入"笑话"二字，亮明自己对将要讲述的事件的态度。探春认为赵姨娘做的事是个笑话，连带着引申出赵姨娘这个人也是一个笑话。对于元话语功能重叠现象，本文以元话语的首要功能来归类。例二中"还有笑话呢"的首要功能是告知听者一件新鲜事，故被划入告知标记一类。

4.2 各类元话语的具体使用

在这 268 个元话语实例中，预展下文功能的元话语占到了总量的 91%。这也从一个侧面反映出，《红楼梦》作者使用直接引语的主要目的是传递新信息，推进故事发展。元话语具体使用情况见表 2。

表 2 《红楼梦》直接引语中的元话语功能分布

宏观功能	微观功能	频次（比例）	比例
预展下文	告知	192（71.6%）	91%
	评论	37（13.8%）	
	问询	15（5.6%）	
构建联盟		24（9%）	9%
总计		268（100%）	100（%）

4.3 预展下文

表 2 显示，预展下文是元话语的首要功能。预展下文元话语的主要功能是引导听者理解言者的话语，一般具有启下性的篇章组织功能。我们对预展下文子范畴元话语的表现形式进行详述。

4.3.1 告知功能

告知功能是指言者提醒听者注意言者话语内容的信息性。表 2 表明，告知功能是元话语的首要篇章功能，占比高达 71.6%。言者多使用告知元话语来组织和处理信息，如例三。

例三：
（冷子兴与贾雨村交流）子兴叹道："正说的是这两门呢。待我告诉你：当日宁国公与荣国公是一母同胞弟兄两个。"（第二回，p.27）

"待我告诉你"是告知标记语，是冷子兴预备告诉贾雨村新信息时发出的提醒对方注意的言语信号。

从人际代词的使用情况来看，告知标记元话语可分为三种类型：常规式、简约式和加强式。第一种常规式告知标记语的使用率最高（n=130），占到了预展下文元话语的多半。其特点是突出言者/听者一方，以"我"或"你"来表达。常规式告知标记语，又可进一步分为突出言者和突出听者两种亚形式。数据显示，突出言者的有 80 例，突出听者的有 50 例。可见，《红楼梦》作者倾向于以言者为中心，此类元话语主要由词语"据/依我看""依我说"实现。如：

例四：
（平儿与王熙凤交流）平儿也摇头笑道："据我看，此事未必妥。平常我们背着人说起话来，听他那主意，未必是肯的。也只说着瞧罢了。"（第四十六回，p.617）

例五：
（宝钗与探春、平儿交流）宝钗笑道："依我说，里头也不用归帐，这个多了那个少了，倒多了事。"（第五十六回，p.768）

以听者为中心的元话语主要由"实告你说""（对方的称呼）+不知道"等词语来表达，如：

例六：
（袭人与史湘云交流）袭人笑道："又来了，我是个什么，就烦你做鞋了。实告诉你，可不是我的。你别管是谁的，横竖我领情就是了。"（第三十二回，p.431）

例七：

（宝玉与岫烟谈起妙玉）"姐姐不知道，他原不在这些人中，算他原是世人意外之人。"（第六十三回，p.876）

第二种是简约式告知标记语，即不使用任何人称代词来指示。这类情况有 40 例。例如：

例八：

（袭人与贾宝玉交流）"这是那里话。读书是极好的事，不然就潦倒一辈子，终久怎么样呢。但只一件：只是念书的时节想着书，不念的时节想着家些。"（第九回，p.130）

第三种是加强式告知标记语，即指称言者"我"和听者"你"的人称代词同时被使用，有 22 例。如：

例九：

（王熙凤与刘姥姥交流）凤姐笑道："且请坐下，听我告诉你老人家。方才的意思，我已知道了。若论亲戚之间，原该不等上门来就该有照应才是。"（第六回，p.101）

总的来说，常规式和加强式（n=152）占绝对优势，言者在进行信息发布的时候，一般使用人际代词"我"和"你"来突出话语内容。简约式告知元话语虽然数量有限，但在小说人物性格塑造方面也有相当的作用。

4.3.2 评论功能

评论功能的元话语主要是指言者阐述自身观点、态度和主张的语言表达形式，是言者对自己将要展开的话语有意识地进行主观评价。评论元话语虽然数量不多（占比 13.8%），但其语用价值不可低估。如：

例十：

（周瑞家的与刘姥姥交流）周瑞家的道："我的娘啊！你见了他怎么倒不会说了？开口就是'你侄儿'。我说句不怕你恼的话，便是亲侄儿，也要说和软些。蓉大爷才是他的正经侄儿呢。他怎么又跑出这么一个侄儿来了。"（第六回，p.102）

例十中的"我说句不怕你恼的话"是评论标记语。周瑞家的意识到自己将要出口的话可能冒犯刘姥姥，所以提前把丑话说在头里。这样一来，刘姥姥就有了思想准备，会对将听到的话语的消极影响有所防备。

评论元话语主要表现在两个方面：一是强调对象话语的真实性；二是评估对象话语的言后行为。对对象话语的真实性进行强调，这方面常见的评论标记是"说良心话""良心上论"等。如：

例十一：
（佳蕙与红玉交流）佳蕙点头想了一会，道："……袭人那怕他得十分儿，也不恼他，原该的。<u>说良心话，谁还敢比他呢？</u>别说他素日殷勤小心，便是不殷勤小心，也拼不得。"（第二十六回，p.350）

对对象话语的言后行为进行评判，是当言者意识到自己想要表达的核心思想将对听者产生积极/消极影响时，使用元话语对对象话语进行包装。对象话语又可分为积极话语和消极话语两大类。积极话语一般是称赞语、祝贺语，消极话语一般是批评对方或表达不满的话语。关涉言者积极话语的评论元话语，本文称为积极类元话语标记；关涉言者批评或者贬低他人/事的评论元话语，本文称为消极类元话语标记。

《红楼梦》直接引语中的积极类元话语数量有限。言者在表达对人/事的赞许时，会附加一定的自我否定。如：

例十二：
（贾母与薛姨妈交流）贾母道："提起姊妹，<u>不是我当着姨太太的面奉承</u>，千真万真，从我们家四个女孩儿算起，全不如宝丫头。"（第三十五回，p.465）

消极类元话语是言者意识到自己将要说的话语可能会对听者造成负面影响，所以选择一些语句来做铺垫，来缓解由于话语不当招致的不愉快。消极类元话语有以下三种表现形式：

1)"你别恼/嗔我"，如：

例十三：
（刘姥姥与狗儿交流）因此刘姥姥看不过，乃劝道："姑爷，<u>你别嗔着我多嘴</u>。咱们村庄人，那一个不是老老诚诚的，守多大碗儿吃多大的饭。"（第六回，p.92）

这里刘姥姥实际上是在批评她的姑爷狗儿。碍于封建礼法，她并没有对姑爷直接训斥。她还把自己的忠告和劝诫自贬为"多嘴"，希望狗儿不要怪罪她说这番话。

2)"（我）（说句）不怕你恼/嫌（我）（的话）"，如：

例十四：
（荣国府仆人李贵与贾瑞交流）李贵笑道："<u>不怕你老人家恼我</u>，素日你老人家到底有些不正经，所以这些兄弟才不听。就闹到太爷跟前去，连你老人家也是脱不过的。"（第九回，p.138）

仆人李贵意识到自己要说的话是对贾瑞的负面评价，很有可能得罪贾瑞。所以他先把"不怕你恼"说到头里，以降低贾瑞在听到他的消极话语后的激烈反应。事实上，这种言语缓冲是奏效的，贾瑞并没有因为他的这番消极话而恼怒。

3)"不是我说（句）（不好）（的话）"，如：

例十五：
（兴儿与尤二姐交流）兴儿道"<u>不是小的吃了酒放肆胡说</u>，奶奶便有礼让，他看见奶奶比他标致，又比他得人心，他怎肯干休善罢？人家是醋罐子，他是醋缸醋瓮。"（第六十五回，p.913）

例十五中，贾琏的心腹仆人兴儿与尤二姐谈起王熙凤。兴儿很清楚自己的下人地位，不该置喙主人王熙凤的人品。他把王熙凤形容成妒妇，这更是犯忌。"小说中直接引语不仅是符合或反映人物身份，而且塑造人物身份"（兰良平，2014：67）。通过否定自己绝非"吃了酒的胡说"，兴儿向尤二姐申明，他对王熙凤的评价客观，他人品也可靠。

4.3.3 问询功能

此类元话语是帮助言者向听者寻求信息的语言资源。在《红楼梦》直接引语中，表达问询的元话语数量有限，只有 5.6%。其主要表现形式为"我且问你""我问你一句"等。如：

例十六：
（王熙凤与贾宝玉交流）凤姐道："人家来领的时候，你还做梦呢。<u>我且问你</u>，你们这夜书多早晚才念呢？"（第十四回，p.186）

王熙凤说完"我且问你"就说她的问话内容，比较直接。这种直率发问的话语风格，恰是王熙凤泼辣性格的生动写照。有时，言者在发出问询元话语后，还会插入其他话语内容。如：

例十七：
（林黛玉与贾宝玉交流）一进来，黛玉便笑道："宝玉，<u>我问你</u>：至贵者是'宝'，至坚者是'玉'。<u>我且问你</u>，你们这夜书多早晚才念呢？"（第二十二回，p.299）

例十七中，对象话语和元话语并非紧密连接。林黛玉插说了"至贵者是'宝'，至坚者是'玉'"这个禅机，让贾宝玉去参悟。

4.4 构建联盟

与预展下文不同，构建联盟一般处理的是交谈双方都已知的旧信息，发话人通常提醒受话方注意某件事情，邀请受话方加入语篇，与受话方结成联盟，从而达到说服的目的。虽然构建联盟元话语在《红楼梦》直接引语中占比不高（9%），其语用价值也不可轻视。如：

例十八：
（王熙凤与贾琏交流）凤姐道："……<u>你是知道的</u>，咱们家所有的这些管家奶奶们，那一位是好缠的？错一点儿他们就笑话打趣，偏一点儿他们就指桑骂槐的报怨。"（第十六回，p.205）

例十八中"你是知道的"是构建联盟元话语，它虽然不传递新信息，但有特殊的语用价值。言者王熙凤向贾琏诉苦，拉近与对方的心理距离，博取他的同理心，最终达到说服他的目的。

构建联盟元话语通常展现形式是"你知道/瞧（瞧）/说（说）/想（一）想"等表达，即第二人称代词"你" + 动词（如"看""瞧""说""知道"等）结构。如：

例十九：
（王熙凤与平儿交流）说着，又向平儿笑道："<u>你知道</u>，我这几年生了多少省俭的法子，一家子大约也没个不背地里恨我的。"（第五十五回，p.758）

王熙凤和平儿的关系比较亲密,王熙凤用"你"来指称平儿。当言者身份低于听者或言者力图表现出对听者的敬意时,言者往往使用敬称,如例二十:

例二十:

(大了道与王熙凤交流)大了道:"……<u>奶奶</u>只想,惟有佛家香火历来不绝,他到底是祝国祝民,有些灵验,人才信服。"(第一〇一回,p.1387)

4.5 能源危机事件的传播与管理

《红楼梦》前 80 回与后 40 回直接引语中的元话语使用情况见表 3。

表 3　前 80 回和后 40 回元话语频次对比

元话语类型	前 80 回	频次/回	后 40 回	频次/回
告知标记	132	1.65	60	1.5
问询标记	11	0.14	4	0.1
评论标记	26	0.33	11	0.28
构建联盟标记	15	0.19	9	0.23
总计	184	2.31	84	2.11

总的来看,这两部分文本在元话语使用方面稍有差异:前 80 回直接引语中使用的元话语的总量略高于后 40 回。占比最高的告知元话语的使用情况见表 4。

表 4　前 80 回和后 40 回告知元话语使用频次对比

告知元话语类型	前 80 回频次	均值	后 40 回频次	均值
简约式	25	0.31	15	0.38
常规式	89	1.1	41	1.0
加强式	18	0.23	4	0.1

常规式告知元话语在前 80 回和后 40 回的使用均值近似,加强式和简约式的使用均值差异明显。加强式在前 80 回中的使用均值是后 40 回的二倍多,而简约式在后 40 回的使用均值却明显高于前 80 回。除此之外,本文还发现,前 80 回和后 40 回在元话语表现形式方面也有显著差异。例如评论类元话语标记"论理",在前 80 回中出现了 24 次,但

在后 40 回中仅出现了 2 次。

5. 结语

本文选取话语分析路径，结合我国传统汉语语法研究，对《红楼梦》直接引语中的元话语使用情况进行了详细分析。限于篇幅，本文未对言者/听者身份认同、权势关系在元话语使用方面的差异进行深度剖析。我们希望，本研究结果对国际汉语教学和《红楼梦》外译工作有所帮助，在促进读者从元话语视角对《红楼梦》话语风格进行审视的同时，为把握小说行文特点、洞悉人物性格提供些许支撑。

注释：
① 本文所有《红楼梦》引文均出自曹雪芹《红楼梦》，人民文学出版社 2019 年版。

参考文献：

Ädel, A. 2006. *Metadiscourse in L1 and L2 English*. Amsterdam: John Benjamins.

Cohn, D. 1978. *Transparent Minds: Narrative Modes for Presenting Consciousness in Fiction*. Princeton: Princeton University Press.

Dooley, R A., & Levinsohn S. H. 2008. *Analyzing Discourse: A Manual of Basic Concepts*. Beijing: Foreign Language Teaching and Research Press.

Hyland, K. 2005. *Metadiscourse: Exploring Interaction in Writing*. London: Continuum.

Mauranen. A. 2010. Discourse reflexivity-a discourse universal? The case of ELF. *Nordic Journal of English Studies,* (9): 13-40.

Vande Kopple, W. 1985. Some exploratory discourse on metadiscourse. *College Composition and Communication*, (36): 82-93.

Verschueren, J. 1999. *Understanding Pragmatics.* London: Arnold.

常淑丽，2010，论《红楼梦》中林黛玉语言的刻意曲解的语用功能，《现代语文》，第 2 期，90-92 页。

方梅，1995，汉语对比焦点的句法表现手段，《中国语文》，第 4 期，279-288 页。

方梅，2019，《汉语篇章语法研究》，北京：社会科学文献出版社。

付晓丽、徐赳赳，2012，国际元话语研究新进展，《当代语言学》，第 3 期，260-271 页。

胡裕树，1995，《现代汉语》（重订本），上海：上海教育出版社。

兰良平，2014，形式的内容：小说叙事中直接引语塑造人物身份研究，《浙江师范大学学报（社会科学版）》，第 4 期，62-68 页。

李子荣，2006，《作为方法论原则的元语言理论》，哈尔滨：黑龙江人民出版社。

潘先军，2012，《现代汉语羡余现象研究》，北京：北京语言大学出版社。

张少杰，2018，《红楼梦》道歉言语行为策略的语用研究，《现代语文》，第 3 期，88-95 页。

赵元任，1979，《汉语口语语法》（吕叔湘译），北京：商务印书馆。

Talk in Talk: An Analysis of Metadiscourse in the Direct Quote of *A Dream of Red Mansions*

Fu Xiaoli, Hebei Normal University

Abstract: Direct quotation is a common presentation of the characters' language in A Dream of Red Mansions. At present, there are few explorations on the uses of metadiscourse in the direct quotation of A Dream of Red Mansions. Drawing on a comprehensive reference from foreign scholars' reflexive mode of metadiscourse and the related exposition of domestic scholars, this paper puts forward that metadiscourse has two distinct characteristics: reflexivity and redundancy. Based on these two characteristics, 268 cases of metadiscourse uses in the direct quotation of A Dream of Red Mansions are identified in this paper. The results show that the metadiscourse in the direct quotation of A Dream of Red Mansions has the two macro-functions: unfolding the text and building the alliance, with the unfolding the text being the primary function. It is also found that various metadiscourse resources occur in different linguistics forms in the direct quotation of the novel.

Key words: *A Dream of Red Mansions*; direct speech; metadiscourse; text-unfolding; rapport-constructing

作者简介：

付晓丽，女，博士，河北师范大学外国语学院副教授，研究方向：语篇分析，应用语言学。

| 论 文 |

系统功能语法视阈下能动性的建构和转变
——以英语学习故事为例*

◎ 林秋茗　　广东外语外贸大学英语语言文化学院
◎ 欧阳护华　广东外语外贸大学英语语言文化学院

摘　要　本文依托系统功能语法的理论基础和分析框架，以英语学习故事为例，对口头自传叙事语篇中能动性的建构和转变进行了考察。作者通过在小句层面上的及物性分析和语篇层面上的逻辑语义分析，揭示了叙事者是如何在小句中建构能动性，又如何在语篇中转变或保持其能动性水平的。研究表明，能动性是人们在与外部世界协商过程中一个不断变化的连续体。叙事的过程中，人们受各种情境因素的影响为小句选择某种及物性模式，建构出不同水平的能动性，并且通过某种逻辑语义关系进行小句之间的连接过渡，保持或者改变能动性的水平。研究结果充分显示了口头叙事语篇中能动性的话语建构特征和动态变化特征。

关键词　系统功能语法；能动性；口头自传叙事；英语学习

1. 引言

能动性是人类的一个重要特性，是人类进行思考和行动的能力。人们通过能动性做出各种决定并付诸行动，试图改变自身所处的环境（Giddens，1984）。长期以来，在社

---

* 通讯作者：林秋茗
联系地址：广州市白云大道北2号 广东外语外贸大学 英语语言文化学院
电子邮件：linqiuming@gdufs.edu.cn
基金项目：本成果受广东省普通高校创新团队项目"语用文化和身份构建研究"（项目编号2018WCXTD002）资助

会科学的不同领域里都有对能动性概念的讨论。哲学范畴的标准定义是"带有意图的行为"（Anscombe，1957；Davidson，1980）；社会学则通常将其定义为"发起行动的能力"（Ahearn，2001；Barker，2005），与"结构"（structure）概念相对。班贝格等（Bamberg et. al.，2011）则从话语心理学的角度，把"能动性"看作是"个人身份"的一个维度，将其定义为"对外部世界的可控感"，由个人在特定的社会情境中通过选择话语手段而建构的，并且会随着情境的变化而改变。

语言人类学家和社会语言学家们从不同的语篇类型入手考察人类的能动性。目前，能动性在书面语篇的研究主要是围绕教科书（如：Oteiza & Pinto，2008）、新闻报道（如：Franzosi et. al.，2012）和文学小说（如：Hardstaff，2014）等官方或权威语篇，很少涉及普通个人语篇。对口头语篇的研究大部分是针对日常会话（如：Miller，2010；韩艳梅、陈建平，2019）或机构会话（如：King，2014；Martin，2016），也有针对叙事语篇的研究（如：秦丽莉，2015；Zhao & Basnyat，2019），但其分析方法主要局限于主题和内容的分析，鲜有研究对语言形式进行具体的分析。

可见，通过分析普通个人在口头叙事中的话语手段来考察他们的能动性，是对能动性研究领域的一项有益的尝试和重要的补充。任何个人的活动对社会的发展都会产生能动的作用，世界的历史就是由一个个"个人的故事"构成的。个人在叙述自己故事的时候，也必然会建构出他（她）对社会的能动性。但是，能动性究竟通过什么话语手段来构建？叙事者如何通过这些话语手段来建构出不同水平的能动性？他们又如何在叙述中转变或保持其能动性水平？我们只有依托强大有力的理论，借助精细的分析工具，对语篇进行细致深入的研究，才能回答这些问题。

2. 理论基础

通过研究文献，我们发现系统功能语法（Systemic Functional Grammar，缩写为 SFG）可以为考察能动性的话语建构提供一套系统、有效的方案。SFG 已经被广泛、成功地运用于研究书面语篇中的能动性（如：Oteiza & Pinto，2008；Hardstaff，2014）。它把语言看作是一个"复杂的适应性系统"（Matthiessen，2009），这个系统不但可以承载意义，而且可以制造意义。SFG 就是以"语言是如何制造和表达意义"为出发点开始对语法的探索。汤普森（Thompson，2008：195）指出"小句是意义制造的主要资源"。"小句"（clause）同时表达信息、交换以及表述的意义，这三重意义通过语言的三个元功能（metafunction）——语篇（textual）功能、人际（interpersonal）功能和概念（ideational）功能（Halliday，1975）在小句层面上实现。

根据班贝格等（Bamberg et. al.，2011）提出的概念，能动性是人们对自己和外部世界之间的一种控制与被控制关系的理解，因此它的话语建构主要与语言的概念功能有关。概念功能建立于说话人对外部世界和内心世界的经验。他们用语言去谈论在世界中的各种经历，包括客观世界里面的各种物体、人物、事件，以及主观世界里面的各种情感、态度和思想。概念功能由经验（experiential）功能和逻辑（logical）功能组成。从经验功能的角度看，语言是对存在于主客观世界的过程和事物的反映——"它包括了什么样的过程（动词），涉及了什么事物（名词），这些事物有什么样的属性（形容词），这些过程在什么时间、什么地点、以什么样的方式（副词）进行"（Thompson，2008：86）。在 SFG 里面，经验功能主要通过及物性（transitivity）系统得到体现。及物性模式是一种在小句中"传递有关谁做了什么、说了什么、看到什么、想到什么等信息"的手段，对及物性模式的分析有助于"理解人们在社会情境中的互动，并且揭示其中的意识形态内容"（Nguyen，2012：86），因而有助于揭示"主体性"和"能动性"。概念功能的另外一个部分——逻辑功能则主要通过逻辑语义关系（logico-semantic relation）系统体现。这个系统涵盖了小句之间的各种内在关系，对这些关系的分析有助于揭示小句之间如何过渡从而不断推进语篇的进程（Matthiessen，2002a/ 2002b）。

3. 研究方法

根据上述理论和分析框架，本研究内容包括两个层面：一是小句层面上的能动性建构，涉及语言的经验功能，主要通过及物性模式实现；二是语篇层面上的能动性转变，涉及语言的逻辑功能，主要由逻辑语义关系实现。由此我们发展出两个具体的研究问题：（1）叙事者是如何通过小句内部的及物性模式建构出高低不同的能动性水平的？（2）叙事者是如何通过小句之间的逻辑语义关系在语篇中转变或保持其能动性水平的？针对这两个问题，本研究按照数据收集、选取、分析、阐释和整理五个步骤展开。

3.1 数据收集和选取

我们选用中国英语专业学生的学习故事作为本研究的语料，有两点理由。第一，大量研究（如：胡壮麟等，2008；龙日金、彭宣维，2012；彭宣维，2018）已经证明，SFG 有关概念功能及其表现形式的论述也适用于描写汉语，用汉语作为语料，有助于探究汉语里面有关能动性的概念表征方式。第二，能动性在外语学习中具有重要性和凸显性。我们认为，每一个外语学习者的学习经历都是独一无二的，他们的学习过程一直和能动性的建构、发展和变化交织在一起。同时，他们在讲述学习故事的时候，往往会有意或者无意地把自己塑造成一个主动的或者被动的语言学习者形象。用英语学习故事作为语料，有利于挖掘语篇中的能动性。

为了收集英语学习故事，我们先后与华南地区某大学英语专业不同年级的学生单独进行访谈。在征得受访者的同意之后，我们对每一次访谈均进行全程录音。我们请受访者尽量具体地讲述一些在过去的英语学习过程中比较难忘的经历，包括那些对他们的英语学习影响比较大的事件和人物。接下来，我们根据"重要事件"原则（Fook & Cooper，2003）选取典型故事。所谓"重要事件"不一定是非常重大的事件，但它们一定都是在某种方式上对当事人的成长产生比较深远的影响。

数据收集和选取的数量是根据后期数据分析的结果决定的。当分析的结果开始频繁重复，也就是说，当我们不再发现新的及物性模式和逻辑语义关系的时候，才停止收集和分析语料。最后，我们收集了12位学生的数据，一共分析了22个典型故事。

3.2 数据分析、阐释和整理

典型故事选取之后，我们对它们进行转录和分析。每一个语篇都先后经过及物性分析和逻辑语义分析。由于SFG的分析相对主观，研究者的分析判断也往往取决于对相关理论的运用（Mann & Thompson，1988），因此我们对所有分析的结果进行交叉检验，对不同的结果进行讨论，直至达成共识。

在及物性分析之后，我们根据及物性特征确定小句的能动性水平。按照班贝格等（Bamberg *et. al.*，2011）的观点，能动性是一个无极的连续体，两个方向上的极点分别代表"高"（"我控制世界"的感受）和"低"（"世界控制我"的感受）。本研究中我们把能动性大致划分为高、中、低三种水平，出于两个方面的考虑。一方面，高、低之分是最关键和最基本的。在数据阐释中，我们把所有"我控制世界"这个方向上的小句判定为具有"高"水平的能动性，而把所有"世界控制我"这个方向上的小句判定为"低"水平。那些居于连续体中部、能动性不明显的小句，我们统一把它们归为"中"水平的能动性。这些"中"水平的小句包括了两种情况：一种是小句以某种方式同时呈现出"高"水平和"低"水平的能动性，因而整体水平被"中和"；另一种是小句的内容和说话人无关，不涉及能动性的问题。另一方面，高、中、低三个水平的划分基本可以达到我们的研究目的，比起更精细的划分更加简单和准确。初步确定了每个小句的能动性水平之后，我们把结果通过后续访谈的方式反馈给受访者本人确认，并按照他们的意见进行修改，同时向他们具体了解某些小句的能动性建构以及变化背后的因素。

最后，我们把建构同一种水平能动性的小句整理在一起，归纳出它们及物性模式的共性，回答研究问题（1）。同时，我们对照相邻小句间能动性水平的变化以及它们之间的逻辑语义关系，把调高、调低以及保持能动性水平的逻辑语义关系整理到一起，回答研究问题（2）。在整个研究过程中，我们力求数据的典型性、充分性以及分析的有效性和可信度。

4. 语料分析与结果

下面我们将以两个英语学习故事为例，分别展示两个研究层面上的数据分析过程，并结合本研究所有选取并分析的语料，归纳出主要的研究结果。

4.1 能动性的建构

我们的一位大四受访者小皓（化名）来自广东的一个小县城。由于他英语口语表达比较弱，再加上性格内敛，上课很少主动发言。一直以来他都觉得自己不如其他同学，对英语学习没有信心。但是，有一样东西他却非常自信，那就是他的乒乓球技。他非常喜欢打乒乓球，还代表校队参加比赛获得过名次。在访谈中他讲述了一段大一时期和国外留学生打球的故事。在具体分析之前，我们需要把整个语篇切分成一个个"小句"。由于小句是以动词为核心（Thompson，2008：17），因此我们以动词作为重要依据来识别和切分小句，并按照动词出现的先后顺序给每个小句标上序号（用单斜杠/和阿拉伯数字显示）。切分之后可以看到这个语篇一共包含 28 个小句。

故事一：
/1/我很喜欢打乒乓球嘛。/2/七教一楼有间乒乓球室，/3/是留学生专用的球桌，/4/之后我就经常去那里打。/5/因为我打得比一般外国人要好，/6/所以他们跟我关系比较好，/7/所以我觉得，/8/我在那段时间，是非常愿意/9/是非常乐意去学英语，/10/并且也非常享受。/11/虽然很多那些黑人啊还有那些印度人啊，他们的英语口音很重，/12/但是我发现，/13/他们说的/14/一般都是很简单的英语，/15/用词也是，/16/不会用很晦涩的词。/17/所以那时候我就发现，/18/可能我们学的词汇/19/早就已经支撑我们去表达一些日常用语了。/20/所以在那段时间，我跟他们讲的时候，/21/我就觉得/22/自己学的英语/23/是真正可以用到的。/24/然后有时候，我还会教他们打一下乒乓球啊，/25/就会去查一下/26/这个动作用英语怎么讲。/27/所以那段时间，应该是[[/28/我学英语]]最愉快的、最有成就感的。

4.1.1 及物性分析和能动性水平判断

现在我们对每个小句进行及物性分析，包括三项内容。第一项是及物分析（transitive analysis），对照及物性系统（Halliday & Matthiessen，2008：260）识别出小句的过程类型和各个参与者角色。第二项是作格分析（ergative analysis），对照作格系统（Halliday & Matthiessen，2008：291）重新识别小句中的每一个参与者角色。第三项是语态（voice analysis）分析，对照语态系统（Halliday & Matthiessen，2008：297）分析小句的语态（参见附录一）。及物性分析完成之后就进入数据阐释阶段，也就是根据小句的及物性特征把它的能动性大致判为高、中、低三个水平，判断结果经小皓本人确认。由于篇幅所限，下面仅就三种主要的过程类型各选四个例子来展示及物性模式如何建构能动性。

（1）物质过程
/4/ 之后我就经常去那里打（乒乓球）
/5/ 因为我打（乒乓球）得比一般外国人要好
/24/ 然后有时候，我还会教他们打一下乒乓球啊
/25/（我）就会去查一下（英语单词）

在这些物质过程小句中，小皓都把第一人称"我"同时作为动作者和施事，也就是说，叙事者不但是动作的实施者，而且还是动作的发起者，建构了高水平的能动性。小句/4/和/5/以乒乓球作为目标，分别表现了小皓对打乒乓球的积极性和优越感。/24/以留学生作为接收者，以"教"作为过程动词，不但表达了他与留学生之间的互动，而且突出了他在留学生中的较高的地位和身份。/25/以英语单词为目标，以"查（字典）"作为过程动词，表现出小皓学习英语词汇的主动性。

（2）心理过程
● 情感过程
/1/ 我很喜欢打乒乓球嘛
/10/ 并且（我）也非常享受（学英语）
● 意愿过程
/8/ 我在那段时间，是非常愿意（学英语）
/9/（我）是非常乐意去学英语

这里所有的心理过程小句也有一个共同点，感知者都是"我"，这说明在小皓的故事叙述中，他不停地表达自己当时的心理活动和感受。在情感过程小句和意愿过程小句

中，除了/1/的现象是"打乒乓球"，其余/8/、/9/和10/的现象都是"学英语"。过程动词"喜欢""享受""愿意"和"乐意"都是表示肯定的词语，表达了小皓对打乒乓球和学英语的喜爱和兴趣，从而建构了高水平的能动性。

（3）关系过程
● 识别过程
/14/（留学生说的英语）一般都是很简单的英语
/15/（留学生的）用词也是（很简单的英语）
● 归属过程
/6/ 所以他们跟我关系比较好
/27/ 所以那段时间，应该是[[/28/我学英语]]最愉快的、最有成就感的

识别过程小句中，/14/和/15/的表述非常类似，标记是"留学生说的英语"或"留学生的用词"，价值是"很简单的英语"。这个价值包含了小皓的评价，认为他们说的英语很容易理解。这两个小句并不完全是在陈述事实，小皓通过把别人说的英语识别为"简单的英语"，间接地肯定了自己的英语水平，由此建构出高水平的能动性。归属过程小句/6/中，小皓把自己和留学生的关系归属为"比较好"，这是一个肯定、正面的属性，说明他在这些关系中感觉比较自由和主动，显现出高水平的能动性。/27/把"那段时间"的属性归为"最愉快、最有成就感"，因为小皓发现他的英语可以学以致用，可以帮助他与外国人交流，同时和外国人打乒乓球又促进了英语学习，打球的积极性带动了学习英语的积极性，小皓从一个打球的主动者转化为学习英语的主动者，建构出高度的能动性。

4.1.2 建构能动性的及物性模式

从上述分析可以看出，无论是小句的过程动词还是参与者都可以建构能动性，只要有一个成分呈现出某种水平的能动性，那么这个小句就会体现出这种水平的能动性。我们对所有数据分析之后，整理出了构建不同能动性水平的及物性模式。下面我们把最常见的模式列举出来，并分别附上一个例子，所有例子全部出自我们选取的英语学习故事。

（1）高水平的能动性
A. 动作者/施事（叙事者）+ 物质过程（主动语态）
　　如："几乎每一个细节我都会逐字逐句去查"
B. 感知者（叙事者）+ 心理过程（积极、主动的）+ 现象
　　如："我特别愿意花时间在笔译上面"

C. 感知者（叙事者）+ 心理过程 + 现象（正面、肯定的）
   如："更能感觉到自己学习英语这个迫切性"
D. 载体 + 归属过程 + 属性（正面、肯定的）
   如："我依旧把学习放在第一位"
E. 标记 + 识别过程 + 价值（正面、肯定的）
   如："学习也可以是一件很快乐的事"
F. 讲话者 + 言语过程 + 讲话内容（正面、肯定的）
   如："梦里面也是在说英语"
G. 存在物（正面、肯定的）+ 存在过程
   如："课堂上有很多表现自我的机会"

（2）低水平的能动性
A. 目标/中介（叙事者）+ 物质过程（被动语态）
   如："然后课后又被作业压得不行"
B. 动作者/施事（他人）+ 物质过程（主动语态）+ 目标（叙事者）
   如："它会把你逼到一个[[你没有退路的]]角落那种"
C. 感知者（叙事者）+ 心理过程（消极、被动的）+ 现象
   如："我真的很害怕面试"
D. 感知者（叙事者）+ 心理过程 + 现象（负面、否定的）
   如："我觉得没什么希望"
E. 载体 + 归属过程 + 属性（负面、否定的）
   如："自己什么都不如别人"
F. 标记 + 识别过程 + 价值（负面、否定的）
   如："跟外国人交流是一件特别困难的事情"
G. 讲话者 + 言语过程（消极、被动的）+ 讲话内容
   如："天天都在抱怨作业"
H. 存在物（负面、否定的）+ 存在过程
   如："全身都是负能量"

（3）中水平的能动性

在 3.2 小节里面提到"中"水平的小句包括两种情况，一是小句的内容不涉及说话人的能动性，二是小句里面同时呈现出"高"水平和"低"水平的能动性，整体水平被"中

和"。后面这种情况主要有以下方式。

A. 参与者（正面、肯定的）+ 参与者（负面、否定的）
   如："面试也是对英语学习的一种压力和动力"
B. 通过否定把能动性水平降低
   如："我不会挑那种很难的句子，很难的文章来练"

4.2 能动性的转变

我们的另一位受访者是来自重庆的大二学生小薇（化名）。在父母的鼓励和支持下，她从小就积极参加各种活动和比赛。大二期末的时候，她参加了学院的英语戏剧大赛。在访谈中小薇叙述了这次经历。我们要对她的故事进行逻辑语义分析，不但要划分小句，还要划分"小句复合体"（clause-complex）（Halliday & Matthiessen，2008：363）。小句复合体具有相对独立和完整的意思，它可以是一个复合句，也可以包含相邻的几个简单句。一个划分的重要依据就是"连接词"。同一个复合体里面的小句都会具有紧密的意义关联，而这种关联往往会通过连接词来显示（Thompson，2008：196）。划分好之后可以看到，该语篇包含 30 个小句，合并为 8 个小句复合体（用双斜杠//和罗马数字标记序号）。

故事二：

//I// /1/我最近参加了戏剧大赛。/3/戏剧大赛,</2/我们都知道,>是英文学院的传统赛事。

//II// /4/我觉得/5/作为英文学院的同学嘛，/6/也应该……/7/我本身都比较喜欢参加这些活动，/8/所以说我也报名参加了。

//III// /9/当初的话，我面试的/10/是一个主演，/11/但是那个导演最终把我安排到一个群众演员的角色。

//IV// /12/进去之后/13/我觉得/14/我收获了很多。

//V// /15/他们剧组的核心成员对我影响很深，/16/特别是那个导演，/17/他是一个很有魄力的人。

//VI// /18/剧本是/19/编剧根据沙翁的经典剧本改编。

//VII// /20/我通看了一遍剧本，/21/觉得/22/她们很厉害，/23/觉得/24/我能达到她们的高度/25/就很满足了。

//VIII// /26/我进去之后/27/很大的改变就是,/28/在我看来,/29/英语不是学习上的负担。/30/我越来越喜欢英语了。

4.2.1 逻辑语义分析

要考察能动性在语篇内部的转变，我们必须在通过及物性分析确定小句的能动性水平基础上，再在小句之间作逻辑语义分析。此小节中，我们重点展示逻辑语义分析过程，因此省略了对故事二的及物性分析，直接把每个小句的能动性水平列出来（参见附录二）。接下来我们对照逻辑语义关系系统（Halliday & Matthiessen，2008：380），识别出每一个复合体里面的每两小句之间的关系。现在我们以该语篇前三个小句复合体为例，具体看一下能动性水平是如何通过逻辑语义关系（以下用单引号''标识）进行改变或维持的。

第一个小句复合体//I//以一个高水平能动性的小句/1/开始，引出了叙述的话题"戏剧大赛"。接下来的小句是对/1/物质过程的目标进行'阐释'。小薇通过识别过程小句/3/，说明了戏剧大赛的重要地位——"学院的传统赛事"，并且在这个小句中间插入了/2/"我们都知道"，通过'思想投射'关系，进一步突出了戏剧大赛的知名度。

小薇在//II//中解释了参加戏剧大赛的原因。她先用/4/"我觉得"'投射'出自己的思想。接着她在/5/中强调了自己的身份"英文学院的同学"，然后通过'结果'关系进入/6/，说自己"应该……"。但这个小句还没有说完，她意识到自己用词不当，就改口进入/7/，说自己"喜欢参加这些活动"。/6/和/7/都是心理过程小句，/6/用了"应该"，隐含了一层义务，暗示了一种被迫性，构建出低水平的能动性。/7/用了"喜欢"，对参加活动表达了一种积极的意愿和肯定的情感，构建出了高水平的能动性。在这里，小薇通过'替换'的逻辑语义关系，实现了能动性从低水平到高水平的转变。最后，她通过'结果'关系带出了/8/，说明自己的"喜欢"导致了"报名参加"戏剧大赛，持续了高水平的能动性。

小薇在//III//中介绍了自己在戏剧大赛中的角色，能动性高开低走。通过小句/9/和/10/之间的'事实投射'关系，小薇说明了自己原本想要做主演，因此建构了高水平的能动性。接着连接词"但是"带出了/11/。在/11/中，小薇把"导演"作为动作者，"我"作为目标，把"安排（到一个群众演员的）角色"作为过程动词，将自己放在一个"被支配者"的地位，体现出自己的被动和无助，建构了低水平的能动性。这样，通过'转折'关系，能动性的水平一下子从高转为低。

4.2.2 谓语指示策略及其语言手段

通过对所有数据的分析，我们按照能动性水平的改变方向，对各种逻辑语义关系进行了归类整理。我们先来看较为复杂的'扩展'系统。

（1）能动性水平的转变

我们在进行数据梳理的时候，对能动性水平从低向高（包括低→中、低→高、中→高）转变和从高向低（包括高→中、高→低、中→低）转变所使用的逻辑语义关系分别进行了归类，发现两种转向所使用的关系基本上是相同的，主要包括以下五种：

A. 延展：添加：转折

如："虽然大部分的时候我都听不懂，但还是会每天坚持听新闻"

B. 延展：改变：扣除

如："（英语是我本身）不愿意主动去花什么时间学习的，除非我要去完成某个任务"

C. 延展：改变：替换

如："（作为英文学院的同学嘛，）也应该……我本身都比较喜欢参加这些活动"

D. 增强：时间：之后

如："开始的时候我觉得没什么意思，后来渐渐喜欢上了这门课"

E. 增强：条件：让步条件

如："无论我怎样复习准备，成绩好像都上不去"

由上可见，转变能动性水平所运用的逻辑语义关系比较有限，主要集中在"延展"和"增强"两种关系上，"详述"关系缺失。"延展"关系主要有三种类型。"转折"表示一种相反的意义，"扣除"和"替换"都是对前面内容的修正，前者是补充例外的事物，而后者是更换内容，用后面的意思取代前面的意思。因此这三种逻辑关系都是对前面的小句表达一种否定和修改，因而可以用来转变能动性水平。另外一种"增强"关系有两种类型。"之后"表示时间的变迁，能动性水平可以随着时间而变化。"让步条件"表示的是"尽管""即使"，后面小句的意义与前面的相悖，也可以实现出能动性水平的改变。

（2）能动性水平的保持

相对上述的"改变"而言，我们发现，保持能动性水平所使用的逻辑语义关系更加丰富多样，而且几乎和用于改变能动性水平的逻辑语义关系呈互补分布。

A. 详述：说明

如："我现在已经对这门课完全很失望，它跟我预期的完全不一样"

B. 详述：例证

如："但是我在那个过程当中还是挺快乐的，比如说做那些作业呀"

C. 详述：阐释

如："环境和他人对我的影响是很大的，改变了我很多想法"

D. 延展：添加：顺承

如："改变了我很多想法，扭曲了我对大学的美好印象"

E. 增强：时间：之后

如："所以只能看看周围人，然后各种邯郸学步"

F. 增强：时间：同时

如："当我和他们可以无障碍进行沟通的时候，我自己都好有成就感"

G. 增强：因果：原因

如："（我现在还觉得）要不断地学习，因为我依旧把学习放在第一位"

H. 增强：因果：结果

如："我本身都比较喜欢参加这些活动，所以说我也报名参加了"

I. 增强：因果：目的

如："但是当我为了去完成某个任务，就是要去接触英语"

K: 增强：条件：肯定条件

如："如果只是为了应付的话，会觉得很无聊"

由上可见，"详述"关系的三种类型都可以找到。"说明"是换一种方式进行表述，"例证"是通过举例进行说明，"阐释"则是更加具体详细地解释。它们都是沿着前面一个小句的方向上更进一步，因此传递着相同水平的能动性。在"延展"关系下面，我们发现有"顺承"关系类型。它表示的是"不但……而且……"或者"既不……也不……"的并列或者递进关系，把具有同样性质的事物相提并论，因此前后小句一般具有相同水平的能动性。"增强"关系下面的类型比较多样，其中包括表示时间的"之后"或"同时"关系，还有表示"因果"的"原因""结果"和"目的"关系。这些表达"前因后果"的逻辑关系往往传递相同水平的能动性。最后一种"肯定条件"关系涉及假想的情形，表示"如果……就……"，前后也具有连贯的逻辑关系，因此也使得能动性保持在一个水平上。

在"投射"系统里面，投射关系的三种类型（思想、话语和事实投射）都可以在能动性水平的各种转向中存在。我们发现，投射关系通常以"中"水平的小句开始，然后以任意水平的小句结束。这是因为很多表示投射关系的过程动词都是中性的，没有明显的能动性，比如心理过程动词"想""觉得""感到"等，言语过程动词"讲""说"等，关系过程动词"是""有"等，而投射出来的思想、话语或者事实却往往带有"高"水平或"低"水平的能动性。当然，也有一些心理或者言语过程动词本身就呈现一定水平的能动性，这时它们受投射小句影响而带有的能动性往往会和投射小句自身的能动性水平一致，因为说什么、想什么往往和怎么说、怎么想是相关的。

5. 结语

本研究借助系统功能语法的理论视角和分析框架，以英语学习故事为语料，对能动性的建构和转变进行了细致的考察。作者通过在小句层面上的及物性分析和语篇层面上的逻辑语义分析，揭示了叙事者是如何在小句中建构能动性，又如何在语篇中转变或保持其能动性水平的。研究表明，能动性是人们在与外部世界协商过程中一个不断变化的连续体。叙事的过程中，人们在各种情境因素的影响下选择某种及物性模式产出小句，从而建构出不同水平的能动性，并且通过某种逻辑语义关系来进行小句之间的连接过渡，从而保持或者改变能动性的水平。

本研究把抽象的能动性概念操作成具体的话语手段，为探究口头自传叙事语篇中能动性的建构及转变过程开辟了一条分析路径。研究有两点不足之处：一是数据分析和阐释带有一定的主观性，主要体现在及物性分析以及能动性水平的判断；二是研究结果只具有代表性，缺乏完整性。由于收集和分析的数据有限，而语言形式却具有无限可能，因此很难甚至不可能穷尽所有的结果。虽然本研究最终只能展示出比较常见的及物性模式以及逻辑语义关系，但能动性的话语建构特征和动态变化特征也已显现无遗。

参考文献：

Ahearn, L. M. 2001. Language and agency. *Annual Review of Anthropology*, (30): 109-137.

Anscombe, G. 1957. *Intention*. Oxford: Basil Blackwell.

Bamberg, M., De Fina, A., & Schiffrin, D. 2011. Discourse and identity construction. In S. Schwartz, K. Luyckx & V. Vignoles (eds.). *Handbook of identity theory and research*. Berlin/New York: Springer Verlag.

Barker, C. 2005. *Cultural Studies: Theory and Practice*. London: Sage.

Davidson, D. 1980. *Essays on Actions and Events*, Oxford: Clarendon Press, 43–61.

Fook, J. & Cooper, L., 2003. *Bachelor of Social Work Fieldwork Manual*, Dept. Social Work, School of Primary Health Care, Monash University.

Franzosi, R., De Fazio, G. & Vicari, S. 2012. Ways of measuring agency: an application of quantitative narrative analysis to Lynchings in Georgia (1875-1930). *Sociological Methodology*, (42): 1-42.

Giddens, A. 1984. *The Constitution of Society: Outline of the Theory of Structuration*. Berkeley and Los Angeles: University of California Press.

Halliday, M. A. K. 1975. *Learning How to Mean*. London: Edward Arnold.

Halliday, M.A.K. and Matthiessen, C. 2008. *An Intoduction to Functional Grammar (3rd ed.)*. Beijing: Foreign Language Teaching and Research Press.

Hardstaff, S. 2014. "Papa said that one day I would understand": Examining child agency and character development in Roll of Thunder, Hear My Cry Using Critical Corpus Linguistics. *Children's Literature in Education*, 46(3): 226–241.

King, B. 2014. Inverting virginity, abstinence, and conquest: Sexual agency and subjectivity in classroom conversation. *Sexualities*, (17): 310-328.

Mann, William C. & Sandra A. Thompson. 1988). Rhetorical Structure Theory: Toward a functional theory of text organization. *Text*, 8 (3): 243-281.

Martin, J. 2016. The grammar of agency: Studying possibilities for student agency in science classroom discourse. *Learning, Culture and Social Interaction*, (10): 40-49.

Matthiessen, C. 2002a. Combining clauses into clause complexes: A multi-faceted view. In J. Bybee & M. Noonan (eds.). *Complex Sentences in Grammar and Discourse: Essays in Honor of Sandra A*. Thompson, Amsterdam: Benjamins.

Matthiessen, C. 2002b. Lexicogrammar in discourse development: Logogenetic patterns of wording. In G. Huang & Z. Wang (eds.). *Discourse and Language Functions*. Shanghai: Foreign Language Teaching and Research Press.

Matthiessen, C. 2009. Meaning in the making: meaning potential emerging from acts of meaning. *Language Learning*, (59): 206-229.

Miller, E. R. 2010. Agency in the making: adult immigrants' accounts of language learning and work. *TESOL Quarterly*, (44): 465-487.

Nguyen, H. 2012. Transitivity analysis of "Heroic Mother" by Hoa Pham. *International Journal of English Linguistics*, (2): 85–100.

Oteiza, T. & Pinto, D. 2008. Agency, responsibility and silence in the construction of contemporary history in Chile and Spain. *Discourse Society*, (19): 333-358.

Thompson, G. 2008. *Introducing Functional Grammar*. Beijing: Foreign Language Teaching and Research Press.

Zhao, X. & Basnyat, I. 2019. Lived experiences of unwed single mothers: Exploring the relationship between structural violence and agency in the context of Chinese reproductive health discourse. *Health Communication*, 9(1): 1-10.

韩艳梅、陈建平，2019，第一人称代词与中国新兴中产阶级年轻父母身份的话语建构，

《中国应用语言学(英文)》,第 42 卷第 3 期,285-306 页。

胡壮麟、朱永生、张德禄、李战子,2008,《系统功能语言学概论(修订版)》,北京:北京大学出版社。

龙日金、彭宣维,2012,《现代汉语及物性研究》,北京:北京大学出版社。

彭宣维,2018,《功能视角下的汉语专题研究》,北京:外语教学与研究出版社。

秦丽莉,2015,社会文化视域下英语学习者能动性与身份之间的关系,《外语教学》,第 36 卷第 1 期,60-64 页。

附录一：及物性分析（以故事一为例）

小句	及物分析 过程类型	及物分析 参与者角色	作格分析	语态分析
/1/我很喜欢打乒乓球嘛	心理过程：情感	我 = 感知者 喜欢打乒乓球 = 现象	= 施事 = 范围	非中动语态：主动
/2/七教一楼有间乒乓球室	存在过程	乒乓球室 = 存在物	= 中介	中动语态
/3/是留学生专用的球桌	关系过程：识别	（乒乓球桌）= 标记 留学生专用的球桌 = 价值	= 中介 = 范围	中动语态
/4/之后我就经常去那里打	物质过程：改变	我 = 动作者 （乒乓球）= 目标	= 施事	非中动语态：主动
/5/因为我打得比一般外国人要好	物质过程：改变	我 = 动作者 （乒乓球）= 目标	= 施事	非中动语态：主动
/6/所以他们跟我关系比较好	关系过程：归属	（他们跟我的）关系 = 载体 比较好 = 属性	= 中介 = 范围	中动语态
/7/所以我觉得	心理过程：认知	我 = 感知者	= 中介	非中动语态：主动
/8/我在那段时间，是非常愿意	心理过程：意愿	我 = 感知者 （学英语）= 现象	= 中介 = 范围	非中动语态：主动
/9/是非常乐意去学英语	心理过程：意愿	（我）= 感知者 去学英语 = 现象	= 中介 = 范围	非中动语态：主动
/10/并且也非常享受	心理过程：情感	（我）= 感知者 非常享受 = 现象	= 中介 = 范围	非中动语态：主动
/11/虽然很多那些黑人啊还有那些印度人啊，他们的英语口音很重	关系过程：归属	（很多那些黑人啊还有那些印度人啊，他们的）英语口音 = 载体 很重 = 属性	= 中介 = 范围	中动语态
/12/但是我发现	心理过程：感知	我 = 感知者	= 中介	非中动语态：主动
/13/他们说的	言语过程	他们 = 讲话者	= 施事	非中动语态：主动
/14/一般都是很简单的英语	关系过程：识别	（他们说的）= 标记 很简单的英语 = 价值	= 中介 = 范围	中动语态
/15/用词也是	关系过程：识别	用词 = 标记 （很简单的英语）= 价值	= 中介 = 范围	中动语态
/16/不会用很晦涩的词	言语过程	（他们）= 讲话者 很晦涩的词 = 讲话内容	= 施事 = 范围	非中动语态：主动

续表

小句	及物分析		作格分析	语态分析
	过程类型	参与者角色		
/17/所以那时候我就发现	心理过程：感知	我 = 感知者	= 中介	非中动语态：主动
/18/可能我们学的词汇	物质过程：创造	我们 = 动作者 词汇 = 辖域	= 施事 = 范围	非中动语态：主动
/19/早就已经支撑我们去表达一些日常用语了	物质过程：改变	（我们学的词汇）= 动作者 我们 = 辖域	= 中介 = 范围	非中动语态：主动
/20/所以在那段时间，我跟他们讲的时候	言语过程	我 = 讲话者 他们 = 受话者	= 中介 = 受益者	非中动语态：主动
/21/我就觉得	心理过程：认知	我 = 感知者	= 中介	非中动语态：主动
/22/自己学的英语	物质过程：创造	自己 = 动作者 英语 = 目标	= 施事 = 范围	非中动语态：主动
/23/是真正可以用到的	物质过程：改变	（自己学的英语）= 目标	= 范围	非中动语态：被动
/24/然后有时候，我还会教他们打一下乒乓球啊	物质过程：改变	我 = 动作者 他们 = 接收者	= 施事 = 受益者	非中动语态：主动
/25/就会去查一下	物质过程：改变	（我）= 动作者 （英语单词）= 目标	= 施事 = 范围	非中动语态：主动
/26/这个动作用英语怎么讲	言语过程	这个动作 = 讲话内容	= 范围	非中动语态：被动
/27/ 所以那段时间，应该是[[我学英语]]最愉快的、最有成就感的	关系过程：归属	那段时间 = 载体 最愉快的、最有成就感的 = 属性	= 中介 = 范围	非中动语态：主动
/28/ [[我学英语]]	物质过程：创造	我 = 动作者 英语 = 辖域	= 施事 = 范围	非中动语态：主动

说明：

每个小句都单独排列在第一列，过程动词以及显性（即小句中出现的）参与者用下划线标出。根据系统功能语法的标记惯例（Halliday & Matthiessen，2014：103），插入句用单角括弧< >标记，内包句或从句用双重方括弧[[ ]]标记。隐性（即小句中没有出现，但隐藏在上下文中的）参与者也用小括号（）展现出来。过程类型的分析精确到最细的级别，上下两个级别以冒号：相隔。每个参与者各占一行，并用等号=赋予其参与者角色。

附录二：逻辑语义关系分析（以故事二为例）

小句复合体	小句	小句间的逻辑语义关系	能动性水平
//I//	/1/ 我最近参加了戏剧大赛		高
	/2/ <我们都知道>	扩展：详述：阐释	中
	/3/ 戏剧大赛，<我们都知道>，是英文学院的传统赛事	投射：思想	中
//II//	/4/ 我觉得		中
	/5/ 作为英文学院的同学嘛，	投射：思想	中
	/6/ 也应该……	扩展：增强：因果：结果	低
	/7/ 我本身都比较喜欢参加这些活动	扩展：延展：改变：替换	高
	/8/ 所以说我也报名参加了	扩展：增强：因果：结果	高
//III//	/9/ 当初的话，我面试的		高
	/10/ 是一个主演	投射：事实	高
	/11/ 但是那个导演最终把我安排到一个群众演员的角色	扩展：延展：添加：转折	低
//IV//	/12/ 进去之后		中
	/13/ 我觉得	扩展：增强：时间：之后	中
	/14/ 我收获了很多	投射：思想	高
//V//	/15/ 他们剧组的核心成员对我的影响很深		低
	/16/ 特别是那个导演	扩展：详述：例证	低
	/17/ 他是一个很有魄力的人	扩展：详述：阐释	低
//VI//	/18/ 剧本是		中
	/19/ 编剧根据沙翁的经典剧本改编	投射：事实	中
//VII//	/20/ 我通看了一遍剧本		中
	/21/ 觉得	扩展：增强：时间：之后	中
	/22/ 她们很厉害	投射：思想	低
	/23/ 觉得	扩展：延展：添加：顺承	中
	/24/ 我能达到她们的高度	投射：思想	高
	/25/ 就很满足了	扩展：增强：条件：肯定条件	高
//VIII//	/26/ 我进去之后		中
	/27/ 很大的改变就是	扩展：增强：时间：之后	中
	/28/ 在我看来	投射：事实	中
	/29/ 英语不是学习上的负担	投射：思想	高
	/30/ 我越来越喜欢英语了	扩展：延展：添加：顺承	高

说明：

每一个小句右边的逻辑语义关系表示的是它和前面小句之间的关系。由于逻辑语义关系只适用于小句复合体内部的分析，因此每一个复合体的第一个小句旁边的一栏显示为空。

Agency in the Making and on the Move: A Case Study of English Learning Stories from the Perspective of Systemic Functional Grammar

Lin Qiuming, Guangdong University of Foreign Studies
Ouyang Huhua, Guangdong University of Foreign Studies

Abstract: Employing systemic functional grammar (SFG) as its theoretical foundation as well as analytical framework, this paper explores agency-making and its changes in oral autobiographic narratives with examples of English learning stories. By conducting transitivity analysis at the clause level and the logico-semantic relation analysis at the discourse level, the study has revealed how agency is constructed within a clause and navigated between clauses. It has been shown that agency is a continuum in which people constantly negotiate with the outside world. When telling their stories, people select certain transitivity patterns to configure clauses under the influence of various contextual factors, thereby constructing different levels of agency in individual clauses. Moreover, they make connections between adjacent clauses via certain logico-semantic relations, thus maintaining or changing the level of agency in a discourse. The study has fully illustrated that agency is discursively constructed in a dynamic manner in narrative discourses.

Key words: systemic functional grammar (SFG), agency, oral autobiographic narratives, English learning

作者简介：

林秋茗，女，博士，副教授。研究方向：话语分析、外语教学。

欧阳护华，男，博士，教授，博士生导师。研究方向：跨文化交际、教育人类学、话语分析。

特朗普国情咨文演讲的批评隐喻分析

——以 2019 和 2020 年为例*

◎ 孟令茹　海南大学外国语学院
◎ 白丽芳　海南大学外国语学院

摘　要　批评隐喻分析是由查特里斯-布莱克（Charteris-Black）提出的一种全新的话语分析理论，他将批评话语分析、语料库分析和认知语言学结合，旨在揭示政治语言背后隐含的意识形态特征和政治意图。本文以特朗普 2019 年和 2020 年国情咨文演讲为语料，通过定量统计概念隐喻的分布特征、定性分析概念隐喻的语义内涵，揭示了特朗普此次演讲背后所隐含的身份建构及政治意图。研究显示，特朗普使用概念隐喻进行了"自我"和"他者"的身份建构，试图表明自己的政策制定的出发点和落脚点都是美国人民，目的是推行其政策方针、获得更高的支持率。

关键词　概念隐喻；批评隐喻分析；特朗普；国情咨文演讲

1. 引言

对大多数人而言，隐喻只是一种诗意的修辞，适用于文学作品。在莱考夫和约翰逊（Lakoff & Johnson，1980）《我们赖以生存的隐喻》问世之前，隐喻并没有被视为一种概念或思维方式。随着越来越多的专家学者开始研究概念隐喻，相关隐喻理论已被广泛运

---

* 通讯作者：孟令茹
　联系地址：海南省海口市美兰区人民大道 58 号，海南大学外国语学院
　电子邮件：549329376@qq.com
　基金项目：2019 年度海南省研究生创新科研课题资助项目，项目编号：Hys2019-180。

用于教育、政治、经济甚至宗教领域，这些研究表明，隐喻在日常生活中无处不在。隐喻在当今社会也扮演着越来越重要的角色，尤其是在政治领域，相应的，对政治话语的隐喻分析也日益受到关注。

特朗普自当政以来，将"美国优先"作为实现"使美国再度伟大"目标的原则（沈雅梅，2018：96），这体现出他对全球化和"全球主义"式美国外交的反感（赵明昊，2017：109）。美国政府对外实施紧缩政策，奉行本国经济优先的宗旨，随之而来的反全球化、贸易保护主义都对全球贸易体系构成了很大的影响。特朗普作为这一系列变化的推动者，是如何通过言语传播其执政理念并获得国内民众支持的？他的话语分别建构了什么样的自我、国家及反对者形象？他通过什么语言手段建构了这些形象？本文拟以特朗普国情咨文演讲为语料，通过分析其隐喻的使用，对上述问题逐一展开论述。

2. 理论框架

2.1 概念隐喻理论

莱考夫和约翰逊（Lakoff & Johnson，1980）认为隐喻是思维的基本组成部分，是一切抽象思维的基础，它存在于日常生活的各个方面。隐喻之所以能成为思维的手段，实现解说、劝导、说服功能，是因为它们基于重复出现的涉身体验模式，即意象图式。意象图式表现为大脑中储存的大量的动态和静态的画面和场景，这些图式被用于抽象的认知领域，于是便产生概念隐喻。概念隐喻是一种认知机制，基于这一机制，一个认知域被部分地映射于另一认知域，即从源域（source domain）映射到目标域（target domain），从而实现从具体到抽象、从已知到未知的思维转换。

2.2 批评隐喻分析

隐喻的研究经历了亚里士多德的修辞论、昆提利安（Quintilians）的"替代论"、里查兹（Richards）的"互动论"及莱考夫和约翰逊的概念隐喻理论，隐喻的研究重点也由修辞功能转向认知功能（束定芳，2000）。批评隐喻分析（Critical Metaphor Analysis）的方法由查特里斯-布莱克（Charteris-Black，2004a）提出，他认为语言使用者在既定语言环境中会依据意义传递的需要选择所需的语言，而隐喻是体现选择的最重要的例证。对政治语篇而言，隐喻分析中关键的一步是要确定掩藏在其认知基础下的命题，并依据这些命题揭示言语背后的政治动因（纪玉华、陈燕，2007）。批评隐喻分析将语言分析与认知理解和社会观察结合，以挖掘政治语言背后所隐含的意识形态和政治意图。查特里斯-布莱克（Charteris-Black，2004a：25-41）将批评隐喻分析分为三个步骤，分别是：隐喻的识别（Metaphor Identification）、阐释（Interpretation）和说明（Explanation）。隐喻的识别首先要求细读文本找出隐喻，分析确定具体的表达是否具有隐喻性；隐喻的阐释是识别概念隐喻和概念键（Conceptual Key）以确定隐喻背后的认知、语用因素之间的关系；隐喻的说明是指确定导致隐喻产生的社会因素以及表达功能。

国内已有学者将批评隐喻理论应用于政治语篇分析，关注这些语篇背后隐藏的政治关系或推断模式。陈勇、刘肇云（2009）分析了隐喻在政治语篇中的功能，指出政治隐喻因其独特的界定功能、信息处理功能和说服功能而被美国当代政治家所广泛使用，帮助公众了解他们的政治主张；曾洁、杨丽萍（2014）以奥巴马2014年国情咨文演讲和在野党的回应为语料，对比了民主党和共和党对隐喻的不同选择，阐释了背后折射的意识形态和道德价值体系的差异。

对特朗普的政治语篇的分析多从政治角度进行，例如王希（2017：26）认为特朗普的语言不仅展示其"强人政治"的风格和对于"政治正确"的蔑视，也企图重新界定美国的民族性。但学界对于特朗普政治语篇中的隐喻使用关注不多，基于这一不足，本文拟以莱考夫和约翰逊（Lakoff & Johnson，1980）的概念隐喻论和查特里斯-布莱克（Charteris-Black，2004a）的批评隐喻论为依据，以特朗普2019年和2020年国情咨文演讲为语料，结合定量、定性分析方法，尝试分析特朗普在国情咨文演讲中的隐喻表达，剖析背后所隐含的说服策略、政治策略、施政方针以及形象建构特征。

3. 研究设计

3.1 语料来源

本文语料选取特朗普2019年2月5日和2020年2月4日发表的国情咨文演讲。国情咨文是每年年初总统向国会发表的年度报告，也被称为美国的"政府工作报告"，在演讲中，总统会总结过去一年国家发生的重大事件并阐述政府未来的施政方针。

3.2 研究方法

第一步，根据查特里斯-布莱克（Charteris-Black，2004a）所提出的隐喻识别标准，本文的第一作者通读特朗普2019年和2020年国情咨文演讲，标记出隐喻类词语，包括战争、旅程、建筑过程等相关词语。第二步，基于语境逐个识别这些词语是否具有隐喻意义，删除仅用于字面意思的词语。这一词语隐喻意义的甄别工作分别由第一作者和第二作者独立完成，协商解决存在的分歧，确保标注的可靠性。第三步，对隐喻词语进行归类，将属于同一概念隐喻的词语归为一类。这同样也由两位作者共同完成。

定量分析主要借助语料库检索工具 Antconc 统计各类隐喻词语出现的频次。此外，为比较不同隐喻的分布差异，本研究参考查特里斯-布莱克（Charteris-Black，2004a：89）的方法，计算总鸣值（resonance）。具体为：总鸣值=隐喻词语的类型（type）×隐喻词语的数量（token）。例如，战争隐喻的关键词个数共有 27 个，这些词语出现总次数为 112 次，因此其总鸣值为 27×112= 3024。

4. 结果与讨论

4.1 隐喻类型及分布

隐喻词语及数量的统计见表 1，该表显示，隐喻词语总量最高的是[国家发展是战争]（112 次），[国家发展是建筑过程]（37 次）、其次是[国家发展是旅程]（33 次）。各类隐喻总鸣值的计算结果见表 2。结果显示，所有语料的总鸣值为 3444，其中[国家发展是战争]隐喻所占总鸣值为 3024，占 87.80%，其次是[国家发展是建筑过程]（6.45%）、[国家发展是旅程]（5.75%）。

表 1 特朗普演讲中的 3 类隐喻词语统计

国家发展是战争		国家发展是旅程		国家发展是建筑过程	
单词	次数	单词	次数	单词	次数
defend	10	reach	13	build/rebuild	15
secure	9	access to	5	Create	10
victory	2	progress	7	bridge	1
win	5	path	1	strengthen	1
hero	8	way	4	support	7
compete	1	advance	3	found	3
coalition	2				
fight	16				
war	7				
warfighter	2				
defeat	1				
crisis	2				
protect	13				
threat	2				

续表

国家发展是战争		国家发展是旅程	国家发展是建筑过程
rescue	4		
defeat	2		
defense	3		
allies	5		
destroy	1		
warrior	2		
foe	1		
attack	5		
weapon	2		
threat/threaten	4		
conflict	1		
battle	1		
sacrifice	1		
总计	112	33	37

表2 特朗普演讲中的隐喻关键词、关键词出现总数和总鸣值

始源域	隐喻关键词（个）	隐喻关键词出现总次数（次）	总鸣值	总鸣值百分比
战争	27	112	3024	87.80%
旅程	6	33	198	5.75%
建筑过程	6	37	222	6.45%
总计	39	182	3444	100%

4.2 隐喻的阐释

4.2.1 隐喻之一："国家发展是战争"

战争类隐喻是美国总统在演讲中最常用到的隐喻，其背后的政治目的通常是唤起民众捍卫国家安全的意识，同时解决现存的国内矛盾，譬如薪资、失业、毒品等问题。在特朗普的这次演讲中，战争类隐喻占比最多（表2），他用这些战争类词语来表明美国当时所面临的一系列国家安全问题，尤其是在美墨边境的非法移民问题，以及国内所面临的各类经济和社会问题。对这些战争类隐喻的源域及目标域的映射分类显示（图1），特朗普的演讲中将国家发展比作战争，即[国家发展是战争]，源域中，战争中的[敌人]映射到目标域中的国家安全与社会问题，[领导人]映射到美国政府，[士兵]映射到美国人民，[胜利]映射到解决社会问题并让美国再次伟大。

以美国失业问题为例，特朗普强调美国因为过去的政策问题而将大量工厂关闭，因

大力发展第三产业而将第二产业转移到中国等其他国家，这导致美国大量人员失业，所以特朗普在竞选中也反复强调要捍卫美国的就业机会。比如，在例一中特朗普说他想要与中国开启新的贸易，但是要改变以往美国与中国的贸易逆差现象，追求更加公平的贸易行为以保护美国的就业机会。在这里特朗普将中国看作源域中的敌人，将中国视为让美国不再伟大的关键因素（赵明昊，2017：117），而保护美国就业，追求更加公平的贸易以创造更多的就业机会就是源域中所对应的胜利（例一）。

例一：

I have great respect for President Xi, and we are now working on a new trade deal with China. But it must include real, structural change to end unfair trade practices, reduce our chronic trade deficit, and <u>protect</u> American jobs.

将特朗普所用的战争隐喻进行归纳，按照战争的阶段分为战争前期、战争过程和战争结果，各个阶段的隐喻词语分布见表 3。该表显示，特朗普使用最多的是战争过程类词语（65 个），尤其是防御型词语（40 个），如 defend、protect、secure 等。

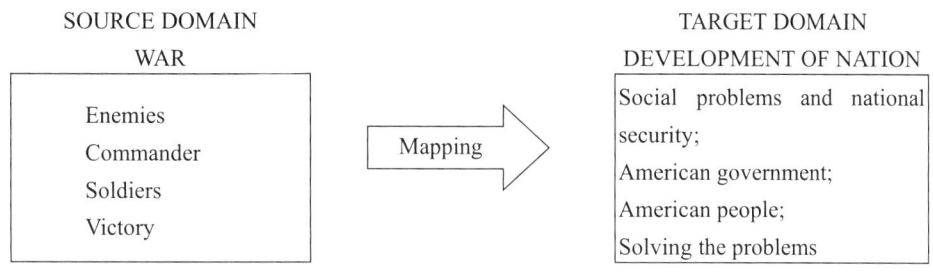

图 1　战争隐喻的源域与目标域

表 3　战争隐喻

阶段	类型	词语
战争前期（16）	原因（8）	crisis(3), threaten/threat(4), conflict
	战争双方（8）	allies(5), coalition(2), foe
战争过程（65）	防御型（40）	defend(10), defense(2), defeat(3), protect(12), rescue(4), secure(9)
	攻击型（25）	fight(16), compete, attack(5), destroy, warfighter (2)
战争结果（18）	胜利（16）	win(5), victory, hero(8), warrior(2)
	失败（2）	defeat(1), sacrifice(1)

例二：

We must be united at home to <u>defeat</u> our adversaries abroad.

例三：

Congress has 10 days left to pass a bill that will fund our government, protect our homeland, and <u>secure</u> our very dangerous southern border.

例四：

We have a moral duty to create an immigration system that <u>protects</u> the lives and jobs of our citizens.

例五：

Tonight, I am asking you to <u>defend</u> our very dangerous southern border out of love and devotion to our fellow citizens and to our country.

例六：

As we work to <u>defend</u> our people's safety, we must also ensure our economic resurgence continues at a rapid pace.

特朗普在此次演讲中特别强调了美墨边境非法移民问题给美国社会所造成的危害，他认为非法移民给美国社会造成了各种安全、就业问题，所以他用了大量的战争隐喻（例二，例三，例四，例五，例六），来暗示美墨边境问题是一场战争，所有的隐喻用词都是防御型词语，如 defeat、defend、protect。特朗普使用的防御型词语（40 个）高于攻击型词语（25 个），是为了彰显美国面临的发展困境，强调美国的发展是处于极其被动的地位。同时，特朗普用防御型词语暗示他所领导的美国政府将带领美国全体人民解决这一问题，以保证美国的社会安全并缓解就业压力。这场战争的胜利则对应了目标域中的解决社会、安全、就业和经济等问题。

例七：

The next major priority for me, and for all of us, should be to lower the cost of healthcare and prescription drugs, and to <u>protect</u> patients with preexisting conditions.

例八：

Together, we will <u>defeat</u> AIDS in America and beyond.

特朗普还用战争隐喻来表明在医疗健康方面，政府将不遗余力地保护美国人民的权益，与美国人民站在同一战线上（例七，例八）。特朗普将医疗问题以及各种问题视为美国发展的[敌人]，他认为奥巴马政府的医改法案增加企业负担，限制了中产阶级、雇主以及保险公司的自由选择权利，他主张全面取消奥巴马的《可负担医保法案》（吴涧生等，2017：53），所以他将领导美国政府"打败"现行政策中所存在的一系列问题，最后赢得[胜利]，保护人民。

表3中还表明，攻击型词语的数量仅次于防御型词语，包括fight、compete、attack等。

例九：

Wages are rising at the fastest pace in decades and growing for blue-collar workers, who I promised to fight for.

例十：

Tonight, I am also asking you to join me in another fight that all Americans can get behind: the fight against childhood cancer.

在例九和例十显示，特朗普用攻击型词语来表明美国在面对发展的各种问题时应当主动出击（fight），同时也显示了他对抗这些问题的决心和信心。例九中他承诺为工人的薪资而抗争，在例十中则致力于抗击儿童癌症。特朗普通过战争隐喻将自己和美国各界民众置于同一战线，为日益边缘化的白人蓝领发声（周琪、付随鑫，2017：111），彰显自身作为美国普通民众，而非精英阶层代表的形象。此举有利于激发美国普通民众对政府政策的认可甚至共鸣，推进政策的顺利实施。

特朗普大量使用战争隐喻来激起民众的国家利益和个人利益意识，将各种阻碍美国发展的问题视为[敌人]，承诺将美国以及美国人民的利益放在第一位，并下定决心要解决这些问题；同时也让美国人民意识到美国所面临的危机是由于前任政府的政策错误和非法移民等问题所造成的，以唤起民众的问题意识和国家安全意识。

4.2.2 隐喻之二："国家发展是旅程"

莱考夫和约翰逊认为旅行隐喻聚焦于内容与进展，查特里斯-布莱克（Charteris-Black，2004a: 93）提到在旅行隐喻中政治家行为的目的被概念化为旅行者的目的地，通常情况下，旅行隐喻会积极评价政治政策，因为旅行的目的是有价值的，映射到社会发展领域则意味着社会努力去实现有价值的目标，具有积极的社会价值。

特朗普用[国家发展是旅程]来指出现阶段美国发展所面临的困境以及当前发展所取得的进步。在图2中可以看出源域与目标域之间的映射，源域中的[旅行者]映射到目标域中的美国，[向导]映射到特朗普领导的美国政府，[指导方针]映射到美国的团结，[障碍]映射到发展所面临的困难，旅行的[目的地]则映射到让美国再次伟大。

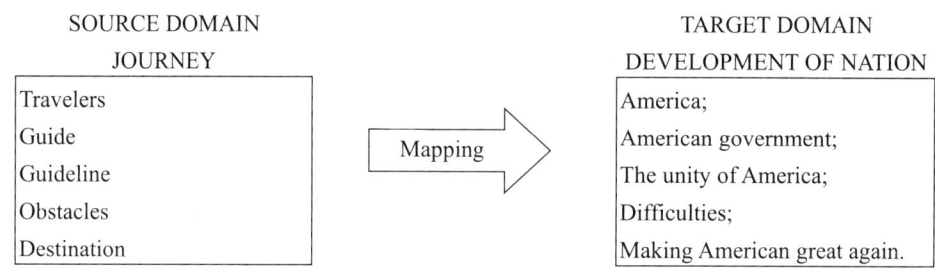

图 2　旅程隐喻的源域与目标域

在旅行隐喻中，政治家通常会将自己的政治目标或政策比作旅程中的预设目的地（Charteris-Black，2004b：67），在例十一、例十二和例十三中特朗普明确地表明他出台一系列政策的政治目的很明确——即让美国再次伟大，一切都是让美国再次经济繁荣、社会安全、人民幸福。例十一中特朗普用了四组反义词，其中与"progress"相对应的是"destruction"，构建了一个概念隐喻即[国家发展是旅程]，其[目的地]不是"繁荣"就是"毁灭"，在这两者之间需要美国人民做出选择，这也是他的一种说服策略；例十二中特朗普暗示了美国现阶段社会安全还存在诸多问题，用"reach"一词同样映射到了目标域中的[目的地]则表明在解决安全问题方面还有很长一段路要走，只有政府和人民共同努力才能解决这一问题；例十三中的"ways"对映了源域中的[指导方针]，映射到了目标域中美国的团结，在这里特朗普强调正是因为合法移民一直遵守国家的法律和规则，同时也为美国做出了巨大的贡献，所以要团结这些合法移民。

例十一：

We must choose between greatness or gridlock, results or resistance, vision or vengeance, incredible <u>progress</u> or pointless destruction.

例十二：

So let's work together, compromise, and <u>reach</u> a deal that will truly make America safe.

例十三：

This includes our obligation to the millions of immigrants living here today who followed the rules and respected our laws. Legal immigrants enrich our nation and strengthen our society in countless <u>ways</u>.

在例十四中，"access to"一词表明特朗普表示奥巴马医改不受欢迎，且成为了美国发展道路上的[障碍]，所以要废除这项政策，与此同时为部分真正需要的人群开启"通道",即让危重病人获得治疗。

例十四:

We eliminated the very unpopular Obamacare individual mandate penalty. (Applause.) And to give critically ill patients <u>access to</u> lifesaving cures, we passed, very importantly, Right to Try.

特朗普用[国家发展是旅程]的概念隐喻同样也说明了这几年美国在各个方面所取得的进步(例十五、例十六、例十七)。在例十七中特朗普尤其强调了现在美国残疾人失业率创造了历史新低,这表明现行的政策是有成效的,国家发展是前进的,而美国现在所要做的就是继续在特朗普政府领导下团结美国人民,再次让美国伟大。

例十五:

No force in history has done more to <u>advance</u> the human condition than American freedom.

例十六:

In recent years — (applause) — in recent years, we have made remarkable <u>progress</u> in the fight against HIV and AIDS. Scientific breakthroughs have brought a once-distant dream within reach.

例十七:

Unemployment for Americans with disabilities has also <u>reached</u> an all-time low.

[国家发展是旅程]的概念隐喻在特朗普的演讲中虽然只占 5.75%,但是从表 1 中可以看到"reach"和"progress"这两个词是使用次数最多的,分别为 13 次和 7 次,这说明特朗普在就职第二年和第三年的国情咨文演讲中突出强调自己在任这两年国家发展所取得的进步,他也暗示了过去的一些政策问题,比如奥巴马医改(例十四)成为国家发展的[阻碍],必须要废除。其次除了用旅程隐喻来阐述自己的对内政策,特朗普同样也用旅程隐喻来表明了其对外政策(例十八、例十九),与其竞选口号"美国优先"的概念一致,对外实施战略收缩,重点关注反恐。在阿富汗问题上,特朗普政府将减少驻军部队,这是旅程中[前进]的步伐,最终将[到达]旅程的可能的目的地:通过政治手段解决阿富汗问题。

例十八：

In Afghanistan, my administration is holding constructive talks with a number of Afghan groups, including the Taliban. As we make progress in these negotiations, we will be able to reduce our troop's presence and focus on counterterrorism.

例十九：

I have also accelerated our negotiations to reach — if possible — a political settlement in Afghanistan.

4.2.3 隐喻之三："国家发展是建筑过程"

特朗普用建筑隐喻[国家发展是建筑过程]来说服民众，表达他重新建立美国昔日辉煌的信心与决心。建筑源域中的[设计者]映射到目标域中的美国政府，[建造者]映射到美国人民，[建筑过程]映射到社会发展，[崩塌]和[复兴]则映射到解决社会问题（图3）。他用建筑隐喻向政府和民众阐述他的愿景：美国人民在美国政府的领导下，改变思维，推翻陈旧的理念，共同建设全新的国家。

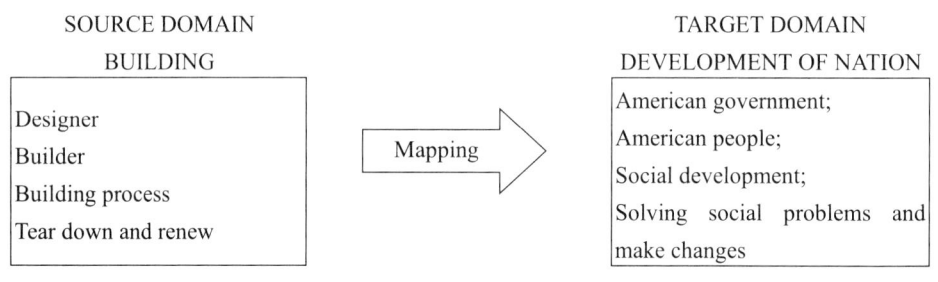

图3 建筑隐喻的源域与目标域

在例二十、例二十一和例二十二中，特朗普用建筑隐喻来阐述他在经济、文化以及国家安全方面所要实施的政策。在三个例句中他都使用了隐喻词语"build"，构建了一个建筑过程的隐喻模型，即在解决发展问题时，树立与前任政府完全不同的政策，而特朗普所领导的美国政府正是这些新政策的[设计师]。在例二十中，他表明，过去数十年由于不适当的贸易政策导致的问题应该要得到解决，为了挽救经济，将建立一个使美国经济复苏的全新制度。王缉思（2017：2）也认为特朗普把美国经济的困境归咎于建制派精英、前届政府以及其他国家的不公平竞争。例二十一中特朗普明确表示为了保护因堕胎导致无辜胎儿受伤害他将建立一种珍惜无辜生命的文化，即反堕胎政策。在例二十二中他又再次提到了美墨边境难民问题，反复强调建立"边境墙"的政策。在以上三个例子中可以看出，特朗普有强烈的欲望去改变由于之前所谓的"灾难性"政策给美国社会经济文化所带来的衰落，特朗普认为他所领导的美国政府作为国家发展的[设计师]将带领美国民众完成[国家发展是建筑过程]这一任务。

例二十：

To <u>build</u> on our incredible economic success, one priority is paramount: reversing decades of calamitous trade policies. So bad.

例二十一：

Let us work together to <u>build</u> a culture that cherishes innocent life. (Applause.) And let us reaffirm a fundamental truth: All children — born and unborn — are made in the holy image of God.

例二十二：

In the past, most of the people in this room voted for a wall, but the proper wall never got <u>built</u>. I will get it <u>built</u>.

同时，特朗普对于"rebuild"一词的使用也表达了他一定的政治立场，在例二十三和例二十四中特朗普都用了"rebuild"一词来表明他要改善及重建美国基础设施及军队（周兰君、楚数龙，2017），同时也表达了他对之前基础设施和军队的不满。

例二十三：

Both parties should be able to unite for a great <u>rebuilding</u> of America's crumbling <u>infrastructure</u>.

例二十四：

The final part of my agenda is to protect American security. Over the last two years, we have begun to fully <u>rebuild</u> the United States military, with $700 billion last year and $716 billion this year.

例二十五：

The vision I will lay out this evening demonstrates how we are <u>building</u> the world's most prosperous and inclusive society……

特朗普通过使用建筑隐喻使美国民众对国家发展形成概念性的理解，也为他政策的实施提供坚实的基础。就如同建造房子要有一个坚实的地基，国家的发展也需要结实的地基，而政策就如同发展的地基。在例二十三中，特朗普使用"crumbling infrastructure"暗示了没有坚实的地基，后续的建造将面临危险性，稍有差错都会导致房屋的倒塌，所以必须重建——"rebuild"。因此，政策的可持续性、稳定性、有效性都至关重要；此外，建造房屋还需要建造者的支持，因此美国民众以及国会的支持对国家发展必不可少。

4.3 特朗普的"自我"和"他者"身份建构

特朗普2019和2020年的国情咨文演讲表明，他的意识形态及政治理念与自己的竞选口号"美国优先"高度一致，不管是经济、医疗、文化、税收这样的对内政策还是贸易、外交、移民、军事这样的对外政策都可以看出特朗普对外政策的收紧，大力发展对内政策，把美国的利益放在了第一位，王一鸣、时殷弘（2018）认为是特朗普具有自恋型人格特征以及商人身份，上任以来所有的政策都呈现出强烈的利己与霸权倾向，考虑问题时强调成本效益核算，尽量减少美国在国际事务中的投入，减少国际事务给美国带来的负担（王缉思，2017：3）。同时特朗普在国情咨文演讲中使用了大量的防御型词语，说明他对美国发展问题寻求的是一种防御对抗策略，在安全等方面有收紧的趋势。在社会政策方面，特朗普政府则致力于全面推翻既有的普遍主义理念，包括摒弃政治正确、强调传统价值观，同时在移民问题上持强硬立场（王浩，2017：141）。例如，特朗普花了大量的篇幅来阐述非法移民问题对美国社会经济、安全等方面的威胁，目的就是劝说国会和美国民众来接受他修建"边境墙"的政策。

首先，特朗普使用了大量的战争隐喻（87.80%），浓墨重彩地强调现在对美国利益的各种威胁以及之前政府政策的不明智所导致的失业、经济下滑、非法移民、社会不安全等问题，激发民众的问题意识，同时特朗普将自己领导的政府确立为[指挥官]的角色，与威胁美国发展的[敌人]斗争到底。特朗普利用战争将自己和美国人民放在同一位置，他的对立面就是美国人民的对立面，从而构建与美国人民的共同体，目的就是劝说美国民众接受他的政策，共同应对国家发展面临的[敌人]。

其次，特朗普使用旅程隐喻突出了自己在任两年以来所取得成绩，由于对企业税收的减少，越来越多的公司回流美国，经济增长速度几乎是特朗普上任初期的两倍，工人的工资也在增长，失业率降至半个世纪以来的最低点。除了这些已经取得的进步，他还暗示国家发展的[目的地]就是让美国再次伟大。他借助旅程隐喻来展示自己在任两年时间以来国家发展的各种成果，暗示在国家发展的道路上虽然会遇到各种[阻碍]，但是只要是在特朗普政府的领导下，美国人民坚守自己的信念，美国的发展终将到达[目的地]；同时他也借助旅程隐喻来阐述自己的政策理念，暗示自身的利益与美国人民的利益是一致的，这将自己即美国政府放在了"自我"的位置上。

最后，特朗普借助战争隐喻、旅程隐喻和建筑隐喻强调美国的发展离不开美国人民及国会的支持，他将反对自己以及自己政策的个人及团体置于国家前进发展的对立面，从而构建这些"反对者"的"他者"身份。

三个不同的概念隐喻[国家发展是战争][国家发展是旅程]和[国家发展是建筑过程]分别从国家面临的威胁、国家已取得的进步和国家发展离不开人民支持的角度共同实现了特朗普对"自我"和"他者"身份的建构。大量的战争隐喻、旅程隐喻和建筑隐喻暗示只有他领导的政府才可以解决美国现在所面临的各种发展困境，美国才能得到发展，实现对自身指挥者、同伴、引领者的自我身份构建；而对于非法移民、贸易伙伴、在他之前的政策以及与他政见不同的人士，则通过这三类隐喻被赋予"他者"身份：战争中的敌人，前进的障碍，不稳的地基。特朗普在两年的国情咨文演讲中"自我"和"他者"的身份建构在一定程度上激发了普通民众的情绪，继而提高自己的支持率。

5. 总结

本文从批评隐喻分析视角分析了特朗普 2019 年和 2020 年国情咨文演讲的内容，揭示了语料中蕴涵的三个概念隐喻：战争隐喻[国家发展是战争]、旅程隐喻[国家发展是旅程]和建筑隐喻[国家发展是建筑过程]。特朗普用战争隐喻强调威胁美国发展的各种因素，为此他将倾尽全力与美国人民并肩抗击这些因素；用旅程隐喻重点强调了自己在任两年时间里所取得的各种成就，赋予自身领导的美国政府"自我"身份；最后用战争隐喻、旅程隐喻和建筑隐喻指明国家发展离不开人民和国会的支持，从而将反对特朗普政府的个人及团体置于"他者"的位置。利用这几种概念隐喻，特朗普说服美国民众支持自己，与自己一起"同仇敌忾"，实现美国的"再次伟大"。当然，限于篇幅，本文仅分析了最重要的三种概念隐喻，对其他隐喻类型的挖掘还有待在未来的研究中进一步展开。

参考文献：

Charteris-Black, J. 2004a. *Corpus Approaches to Critical Metaphor Analysis*. New York: Palgrave Macmillan.

Charteris-Black, J. 2004b. *Politicians and Rhetoric: The persuasive Power of Metaphor(2nd)*. New York: Palgrave Macmillan.

Lakoff, G.& M. Johnson. 1980. *Metaphors We Live By*. Chicago: The University of Chicago Press.

沈雅梅，2018，特朗普"美国优先"的诉求与制约，《国际问题研究》，第 2 期，96-111 页。

陈勇、刘肇云，2009，隐喻政治与政治隐喻：论美国政治家的政治隐喻，《外语教学》，第 1 期，25-29 页。

纪玉华、陈燕，2007，批评话语分析的新方法：批评隐喻分析，《厦门大学学报（哲学社会科学版）》，第 6 期，42-48 页。

束定芳，2000，《隐喻学研究》，上海：上海外语教育出版社。

吴涧生、金瑞庭、姚淑梅，2017，特朗普新经济政策的特点、影响及对策建议，《中国发展观察》，第 6 期，53-56 页。

王浩，2017，"特朗普现象"与美国政治变迁的逻辑及趋势，《复旦学报(社会科学版)》，第 6 期，135-142 页。

王缉思，2017，特朗普的对外政策与中美关系，《当代美国评论》，第 1 期，1-11、122 页。

王希，2017，特朗普为何当选？——对 2016 年美国总统大选的历史反思，《美国研究》，第 3 期，9-29 页、5 页。

王一鸣、时殷弘，2018，特朗普行为的根源——人格特质与对外政策偏好，《外交评论(外交学院学报)》，第 1 期，98-127 页。

曾洁、杨丽萍，2014，美国两党政治语篇的批评性隐喻分析——以奥巴马 2014 国情咨文和在野党对其回应语料为例，《外文研究》，第 3 期，32-38、105 页。

赵明昊，2017，"美国优先"与特朗普政府的亚太政策取向，《外交评论(外交学院学报)》，第 4 期，106-134 页。

周兰君、楚树龙，2017，特朗普政府内政外交政策趋向，《国际经济评论》，第 1 期，118-128、6 页。

周琪、付随鑫，2017，美国政治中的民粹主义传统及其功能，《当代世界与社会主义》，第 2 期，104-113 页。

A Critical Metaphorical Analysis of Trump's 2019 and 2020 State of the Union Speech

Meng Lingru, Hainan University
Bai Lifang, Hainan University

Abstract: Critical metaphor analysis as a new approach of discourse analysis is proposed by Charteris-Black, who combines critical discourse analysis, corpus analysis and cognitive linguistics to reveal the ideology and political intention underlying political discourses. Taking Trump's 2019 and 2020 State of the Union Address as the corpus, this study firstly makes quantitative statistics on the use of conceptual metaphors, and then qualitatively analyzes the political purposes of different conceptual metaphors. From the perspective of critical metaphor analysis, this paper analyzes Trump's implicit identity construction and political intentions implied in his speeches. The study shows that Trump used conceptual metaphor to construct the identity of "self" and "the other", which indicates that the beneficiary of his policy is the American people, so as to obtain a higher support rate.

Key words: conceptual metaphor, critical metaphor analysis, Trump, State of the Union Address

作者简介：

孟令茹，女，海南大学外国语学院硕士研究生。研究方向：话语分析。

白丽芳，女，海南大学外国语学院教授。研究方向：二语习得、语义学。

多模态批评话语视阈下的性别歧视研究

——以一则商业广告的图像构建为例*

◎ 舒月　　天津商业大学外国语学院
◎ 黄乐平　天津商业大学外国语学院

摘　要　多模态话语分析的出现拓宽了话语分析的研究视角。目前，广告领域的多模态研究有很多，但对于性别歧视的研究却很少。性别歧视的研究大多是基于性别分析视角、女性主义视角、女性主义媒介批评视角、消费文化视角等，而用多模态话语来分析性别歧视的研究却微乎其微。将多模态话语分析的理论与性别歧视研究创新地结合，不仅可以检验多模态理论的实践性和成熟性，还能增加性别歧视的研究视角。研究发现，多模态话语理论同样适用于广告领域性别歧视的研究，而且通过多模态批评话语分析视角，还能发现性别歧视的更多形式。基于多模态批评话语分析视角，以克瑞斯和范·勒文（Kress & van Leeuwen）的视觉语法为理论，不仅分析了一则商业广告中媒体如何利用图像符号构建性别歧视现象，还分析了导致这种现象的原因。分析表明，传统文化束缚、广告的商业化特质、媒体行业性别意识敏感度低、媒体男权文化等原因使媒体利用各种符号资源隐蔽性地传达性别歧视的意识以达到再一次维护男权文化的意图。这种从"意义"的研究到"意图"的研究正体现了多模态话语分析到模态批评话语分析的新发展趋势。

关键词　多模态批评话语分析；视觉语法；商业广告；性别歧视

---

* 通讯作者：黄乐平
联系地址：天津市北辰区光荣道 409 号天津商业大学外国语学院
电子邮件：huangleping@tjcu.edu.cn
基金项目：天津市哲学社会科学研究规划项目：批评话语分析学派及分支理论方法比较研究（TJWW17-020）。

1. 引言

　　信息技术的不断发展使交际模式呈现多模态化和多媒体化，单一的文本符号已不能满足多种交际需求。迄今，语篇分析基本上局限于语言文字本身，却没有注意到语音、图案、图像、动画等其他的表意符号（朱永生，2007）。多模态话语分析的出现打破了这种局限，拓宽了符号的研究范围，并能全面地阐释符号的意义生成和交际，从而丰富语篇的分析手段。中国学者对多模态话语分析的研究始于国外理论的引介，首篇将多模态符号理论引介到国内的论文是 2003 年李战子发表的论文《多模态话语的社会学符号分析》，此后，国内对多模态的研究呈逐渐增多的趋势（刘娟，2015）。多模态分析的理论与方法也逐渐被应用于课堂教学、广告传媒、法庭辩论等各种社会行为和语篇的研究（冯德正、张德禄、O'Halloran，2014）。其中，广告传媒领域中的多模态研究主要集中在多模态隐喻、模态间关系（如图文关系）、模态所构建的商业效果等方面，将多模态应用于性别歧视研究的却微乎其微。相反，传播学领域对女性角色和性别歧视的研究颇多，但这些研究大多是基于女性主义广告视角、女性主义媒介批评视角及消费文化视角，很少有将多模态理论应用于广告领域中性别歧视的研究。将多模态话语分析的理论与性别歧视研究的创新结合，不仅可以检验多模态理论的成熟度，拓宽多模态理论的应用范围，还能增加性别歧视的研究视角。

2. 从多模态话语分析到多模态批评话语分析的新发展

　　"模态是用某种媒体表达信息的特殊方式"（胡壮麟，2007），多模态是由两种或两种以上的符号共同构建意义的一种话语形式。多模态话语分析始于克瑞斯和范·勒文（Kress & van Leeuwen，1996）的《阅读图像》这本书。克瑞斯和范·勒文认为韩礼德提出的语言三大元功能（概念功能、人际功能和语篇功能）并非仅限于语言系统，它同样适用于对包括图像、颜色等其他符号资源的分析（田海龙、张向静，2013）。这本书参照系统功能语言学（Halliday，1985）中的三大语言元功能，提出"视觉语法"的图像分析框架，认为图像可以体现三种意义：再现意义、互动意义和构图意义。多模态话语分析的出现，丰富了研究其他符号资源意义的手段。

　　但是，克瑞斯和范·勒文的多模态话语分析仍然与传统语言学分析一样，关注的重心仍在"模态"所构建的意义上，尽管这种模态由语言符号换成了图像符号。"虽然多模态话语分析在一定程度上解决了解读图像意义的问题，但对于图像中的意义如何被社会活动者用来实现其意图,克瑞斯和范·勒文的多模态话语分析范式并没有给予深入的研究"(田海龙、潘艳艳,2018)。

梅钦(Machin,2013/2016)等学者吸收批评话语分析的理论原则和研究方法,将多模态话语分析的研究从多模态话语中蕴含的"意义"扩展到观察这些社会活动者如何通过运用多模态话语实现自身利益和目的的"意图",从而实现了"多模态话语分析"向"多模态批评话语分析"新的发展。这种从"意义"到"意图"的转变,不仅是研究侧重的变化,而且反映出多模态话语分析新的研究关注(田海龙、潘艳艳,2018)。批评话语分析旨在"揭示语篇如何源于社会结构和权力关系"(辛斌、高小丽,2013),多模态批评话语分析的批评层面不局限于语言层面,而是扩展到多种模态的符号资源(郗丽娜、齐丽,2017),这种揭示具有"批评"(赵芃、田海龙,2008)的特征,并且是由社会问题驱动的。"就像话语分析的发展终将涉及社会批评话题一样,研究多模态话语体现的话语秩序、意识形态、社会关系、社会实践等是多模态话语分析必然的发展方向"(李战子、陆丹云,2012)。将批评话语分析和多模态话语分析结合,不仅可以拓宽批评话语分析的研究领域还能促进多模态话语分析的纵深发展。

3. 案例分析

3.1 语料来源

本研究语料来源于惠万家陶瓷商业电视广告[①],能够在视频播放平台优酷检索到,视频时长约 45 秒。视频再现了一家人购买瓷砖的经历,其主要目的是促进消费者购买惠万家瓷砖,同时也隐蔽性地传达出男女不平等观念以及对女性的性别歧视。这种意识形态的传递已超出了单一的文本符号形式,因此对除文本符号以外的其他符号资源的分析显得尤为重要。"多模态话语分析倡导用兼容的分析框架研究构成话语的各种符号模式"(李战子、陆丹云,2012),通过结合以视觉语法为理论基础的多模态分析框架,对该广告中的较为明显的图像的再现意义、互动意义以及构图意义进行多模态批评性话语分析,并探讨男女不平等意识以及对女性的性别歧视意识是以何种形式存在于广告中的。

3.2 图像意义的解读

不同的角度对图像意义有不同的解读,本研究侧重于从性别呈现角度来探讨性别歧视是如何存在于图像模态中的。图 1 至图 7 是从该广告中选取的七张具有代表性的场景画面,排列顺序即在广告中出现的先后顺序。过去的多模态话语分析大多数都只是分析静态的图像，而很少有对广告视频中具有动态特征的模态进行分析。由于动态的三维视觉符号中，元素放置的位置不完全等同于平面视觉符号上下左右的位置（李慧艳，2014）。但本文选取的七张图像的镜头篇幅都是 1 秒左右，并且镜头移动的幅度较小，元素位置相对稳定，便于静态化分析。

图 1. 主人公父亲为选瓷砖而担忧的场景

图 2. 一家人去挑选瓷砖的场景

图 3. 主人公父亲感受瓷砖的场景

图 4. 主人公父亲再次感受瓷砖的场景

图 5. 挑选完瓷砖，小孩开心的场景

图 6. 主人公父亲欣赏瓷砖的场景

图 7. 挑选完瓷砖后休息的场景（图片均来源于优酷）

3.2.1 图像的再现意义

"多模态语篇的概念功能在视觉语法中体现为一种再现,再现分为叙事性再现和概念性再现两大类"(李德志,2013)。在叙述再现方面,图1到图7整体上再现了:父亲为挑选瓷砖而担忧到最后成功挑选好瓷砖后"一家人"欢乐的场景。特别是图7,包括了丰富的动作过程和反应过程,如主人公妻子递水果盘以及主人公倒茶的矢量。图7中有三个反应过程(矢量由眼神或者目光构成):其一,主人公妻子面带微笑,目光朝向主人公父亲方向;其二,小孩子高兴地将目光投向水果方向;其三,主人公与其父亲的目光进行对接。在叙事意义上,想要展现的原本是一家人开心的场景。但实际上,这是一个缺乏相互沟通的画面,因为没有任何目光与主人公妻子目光进行对接,由此可以看出女性的劳动价值其实没有得到应有的尊重。

如果说叙述再现是解读其现象,那么概念再现就是反映其本质(张敬源、贾培培,2012)。概念再现包括分类、分析和象征过程。在人物性别角色分类上,从图2、5、7可发现该广告中男女比例失衡。广告中的男性角色包括主人公、主人公父亲以及主人公儿子;而女性角色只有主人公妻子。在一个家庭中,按照正常情况,男女比例应该适中,但该广告男女比例悬殊;且大部分的篇幅都是男性视角,女性镜头仅在广告末尾的日常化生活场景中出现。对于一个家庭来说,装修时瓷砖的选择是值得一家人共同商榷的事情,但此广告传递出男性是家里的核心人物、男性地位高于女性的信息。

在分析过程中同样也涉及两类参与者:表示整体的承载者和表示部分的承载者(Kress & van Leeuwen,1996:108)。从整体上来说,该广告中男性特写镜头远远多于女性特写镜头。广告一开始,为买瓷砖陷入沉思的是男性(主人公父亲),最后做出选择的也是男性(主人公父亲),没有一个镜头描写女性在选择瓷砖上的态度或看法,唯独在挑选完瓷砖后才看到其妻子的微笑。这微笑可以解读为附和、顺从,即使主人公妻子有其他想法,她也没有话语表达权。由此可见,该广告构造出了在家庭的重要事情决策上男女权力不平等的现象:即男性通常掌握着家庭主权,而女性看似具有母性光环,实则话语权匮乏。

象征过程研究的问题是:参与者是什么甚至意味着什么。广告中具体的人物参与具有象征性,具体人物的缺失也具有象征意义。选择是建立在意识形态基础上的(黄乐平,2010)。

在主人公孩子的性别设置上,选择了男性。选择就是一种表达,表达承载着话语意识。话语能否被接受为真理,不仅与其内容有关,还跟其使用者的意向有关(郭光华、王娅姣,2015)。媒体往往通过选择性的陈述来反映这种"重男轻女"的文化观念。"因为只有反映这种文化,媒体才能与大众进行交流,并得到最大程度的认同"(杜力平,

1990)。通过大众媒体的传播，家庭中孩子性别是男孩这种观念从侧面反映了社会重男轻女的现象，这一现象经媒体的隐蔽性传播使社会大众不自觉接受，从而潜移默化地巩固了这种观念。重男轻女观念的输出，让男性总比女性更胜一筹的偏见深入人心，也正是由于这种性别歧视观念的渗透，才使得女性权力日渐丧失。

再者，主人公母亲角色的忽略也反映出女性其实是没有得到尊重的。整个广告中都没有出现主人公的母亲，就连最后镜头落在全家福上的时候（如图4），也没有主人公母亲的身影。可见，广告策划商在人物设置方面是忽略女性的。广告主题是"惠万家陶瓷，贴心的选择；贴心关爱，惠泽万家"。这是一个有关于"家"的广告，一个家庭中最基本的成员应该是主人公、主人公妻子、主人公孩子以及主人公的父母亲，甚至还可以包括女方的父母亲，这样的家庭从理论上来说才更"完整"。但此广告中，不但主人公母亲没有出现在情境画面里，就连全家福上也没有主人公母亲。不得不让人认为主人公其实是个单亲家庭，但从逻辑上来说这也与完整的"家"概念相悖。因此，可解读为广告媒体缺乏男女平等的意识，而这种意识正是来源于社会。

3.2.2 图像的互动意义

图像的互动意义旨在探讨图像的制作者、图像所呈现的世界与图像观看者之间的关系，同时提示图像观看者对表征事物应持的态度（张敬源、贾培培，2012）。互动意义的实现主要通过三个方面：接触、社会距离、态度（李德志，2013）。其中，"接触"是指图像中的参与者与图像观看者的目光进行对接，从而触发图像观察者的感知。当图像参与者在向图像观看者提供信息或者展示信息的时候，就构成了"提供"。

广告画面中，图1至图7的图像参与者都没有注视观看者，所以不构成"接触"，相反，图像参与者在向观看者传递信息，形成"提供"。图1提供的信息是主人公父亲在挑选瓷砖问题上的担忧；图2提供的信息是一家人去挑选瓷砖，主人公和主人公父亲走在最前面，主人公妻子走在最后，并带着孩子；图3、图4、图5、图6提供的相同信息都是主人公父亲对惠万家陶瓷的认可；图7提供的信息是：在家庭生活场景中，一家人轻轻松松坐在沙发上等待着主人公妻子端来水果。综合图像提供的信息，可发现该广告构建了男女社会性别差异，即"男性通常是理性、权威的代表者；而女性则通常是感性、附和男性的家务劳动者"（吴廷俊、郑玥，2004）。这或许是"真实"地反映了社会"男尊女卑"的现实，"但它真正传递出的却是贬抑或否定女性社会价值的观念"（庄孜，2008）。此外，图像还体现出传统社会对女性的刻板印象。当代传媒将女性形象进行人为固化、模式化和符号化以使其传达特定信息（张恒军，2012）。女人并非生下来就是女人，而是逐渐成为所谓的"女人"。把女性的社会价值设定在家庭琐事上，将女性的生活空间限定在家庭里，将女性的角色多固定为妻子或母亲，这种贤妻良母的形象的展现和传播再现了社会对女性的刻板印象。在大众观念里，女性多处于家庭主妇的位置，主要负责操劳家务，做菜、切水果等琐事。这些女性形象的设定不可避免地经过男权文化的调整，以表现出男权文化对女性形象和角色的期待（吴廷俊、郑玥，2004）。另外，广告制作者对广告人物设置以及对男女行为的区别意识是在家庭环境和社会环境的影响中形成的，是心理和社会的产物（王政，1995）。社会性别意识通过话语不断重演和流通，从而得以自然化，成为人们的共识。正是这些知识的理所当然性和正常性使得权势差异和不平等神秘化、模糊化（Lazar，2005）。

"社会距离"的远近跟镜头的景别大小有关（王敏，2018）。一般来说，镜头取景的范围越大且视野越远意味着社会距离就越远，反之，取景范围越小且视野越近就意味着社会距离越近。图1是近景，是对男性（主人公父亲）的面部表情的特写，表示出男性的社会距离近；图3、图4、图5分别展现了对男性的面部表情以及身体部位的特写，如此近距离的镜头逐渐将男性的社会距离与观众拉近；而对于女性的镜头几乎都是远景处理，如图2、图5。由此可看出：男性镜头的近景效果使得图像所构建出的男性社会距离近，而女性的镜头远景使得女性的社会距离较远。这种图像效果会使男性在观众心中更加具有获得感和价值感，从而让观众逐渐忽略女性的存在。

此外，视觉语法中的态度取决于图像拍摄的视角。从水平维度看，广告拍摄者的正面拍摄，会体现出拍摄者主动融入图像画面的态度，拍摄者的侧面拍摄体现出拍摄者被动参与、冷漠的态度；从垂直维度看，拍摄者的俯视方向拍摄表示其强势的态度，仰视角度拍摄表达其崇拜的态度，平视表达其地位与图像所拍摄人物的地位相等。广告拍摄者的角度选取不仅能表达其所持的态度，同时也提示图像观看者对图像中具体人物应持的态度。在该广告画面中，主人公父亲出现的场景，镜头几乎都处于仰视的视角。特别是图1、图2、图3、图6、图7中，广告制作者以仰视的视角提示观看者对主人公父亲角色的崇拜和尊敬，同时也表现出广告拍摄者肯定男性在家庭中占据的主要地位。

3.2.3 图像的构图意义

图像的构图意义是由图像中各种元素的"布局"来共同构建的，主要体现在三个方面：信息值、显著性和取景（框架）（李德志，2013）。对于信息值来说，分布在图像左右两边的元素，分别对应的是已知信息和新信息。分布在上下位置的元素，所体现的分别是理想的信息和真实的信息。在显著性方面，图像中的具体人物显著性可通过多种途径实现，如位置（前景化程度）、框架大小，颜色对比等，如图像中处于中间位置的元素表示"主要的""主导的"地位，而处于边缘的元素意味着受支配的地位，属于"不太重要的信息"。边框（取景）指的是图像中不同元素形成的分割线条，以表示各种元素是否属于同一空间。

相比于信息值，男女不平等观念主要体现在"显著性"方面，即通过不同的位置布局来暗示男女地位的高低。在图1、图3、图4和图6的画面中，具体人物都只出现了男性角色，而且都对男性分别作了前景化处理，处于绝对的"显著位置"。男女角色共同出现的是图2、图5和图7，此时男性和女性在图像中的位置布局将体现其显著性程度。图2中，处于中心位置的是男性（主人公以及主人公父亲），这不仅由于图像制作者对男性进行了前景化处理，而且由于男性身着裤子的颜色本身属于比较具有吸引力的深色，这与整个图像白净、清新、淡雅的颜色形成反差，会更加吸引观看者的眼球，而此时的女性（主人公妻子）终于第一次出现在画面中，但处于边缘位置。图像制作者利用男性和女性的不同位置"布局"传达出男性在家庭中的地位要高于女性的观念；图5中，主人公妻子终于出现在图像左上的位置，可镜头主要聚焦于右下角被前景化了的男性（主人公父亲及主人公儿子），此时的男性仍是"主要位置"；图7中，展现的是主人公妻子为大家端水果的场面，从叙事意义上来说，主人公妻子才是主角，理应放在最耀眼、最显著的位置，可恰恰相反，最显著的位置即靠近中间偏左的位置仍然留给男性（主人公、主人公父亲、主人公儿子），女性在图像中的位置虽不是处于绝对化的边缘位置，但是和男性位置相比，仍然次之。综上，该广告主要通过对男性进行前景化处理以及特写来突出男性在家庭中的显著地位，同时也通过对女性的边缘化或者次要化的位置布局来体现女性在家庭的中地位的低下。女性不仅经常被忽略、被边缘化，而且女性的劳动价值也渐渐被忽视。

此外，对图像（主要是图2和图7）的框架进行分析可以看到，在图2中，整个空间被分为两个部分：将主人公以及其父亲看作一个整体，主人公妻子以及其儿子看作另一个整体，那么由主人公及其父亲的背部从整体上就会形成一条垂直的分割线条，将主人公妻子和主人公儿子从空间上分隔开。对于图像左边空间来说，主人公及其父亲目光都朝向左边的瓷砖，所以向量方向往左；而对于右边空间来说，主人公妻子的目光也是朝向左边的瓷砖，其目光向量方向也是向左，但由于她还牵着孩子，此时动作向量并不是往左，而且主人公孩子的目光是往右的。图像中左右两边的元素看似属于"同一空间"，但其实是属于不同世界的，即男性活跃于家庭大小事，女性主要负责带孩子以及以旁观者的角色参与其中。对于图7来说，主人公妻子从整体上形成一个分割线，将空间分割成两个部分，对于左边空间来说，主人公以及其父亲目光相互对视，形成"接触"，主人公孩子目光向量往右（目光锁在右边的水果上）；右边空间的向量方向是向左的（即主人公妻子端着水果，目光朝着左边），但此时并没有任何目光聚集于主人公妻子，因此主人公妻子并没有形成"接触"，反而形成"提供"。可见右边空间的女性角色（主人公妻子）与左边看见的男性角色其实并没有形成任何眼神"接触"，彼此并不属于"同一空间"。

图像的构图意义基于图像再现意义和互动意义。从再现意义来说，广告图像中构建了男女的不同性别；从互动意义来说，广告图像中制造了男女性别差异；从构图意义上来说，广告图像中构建了男性和女性的不平等地位。

4. 性别歧视的分析

4.1 商业广告中性别歧视的主要表现形式

通过对惠万家陶瓷广告进行视觉语法分析，笔者发现该广告利用不同的视觉呈现方式表达了媒体性别歧视的倾向。其中，带有性别歧视意识的视觉呈现可以概括为：男性角色多于女性角色、男性特写镜头多于女性、孩子性别设置是男性、对男性的仰视拍摄视角多于女性、女性处于边缘位置、女性外部特征展示得多且与产品无关、女性承担无能力的角色、对女性的刻板印象等。为了检验这些表现形式是否适合其他带有性别歧视的广告的分析，笔者参考"性别歧视的标准"（张艳红，2009），在腾讯视频平台随机选取了十则商业电视广告，分别是：凯迪拉克 XTS 广告、金鼎调和油广告、潘韵洗发露广告、立白天然洗洁精、惠买车创意广告、维达广告、奥利奥广告、君乐宝儿童奶粉广告、周大生珠宝广告、海尔广告，并对这些广告中的男性和女性在视觉上的呈现方式进行了统计。

表 1 十则商业视频广告中的男性和女性视觉呈现统计表

表现形式	1	2	3	4	5	6	7	8	9	10	总计
男性比例是否多于女性	0	–	1	0	–	1	1	1	0	1	5
男性镜头是否多于女性	0	0	0	0	–	1	1	1	1	1	5
孩子性别是否男性	1	0	–	–	–	1	1	1	–	1	5
主角是否为男性	1	0	0	1	1	1	1	1	1	1	8
对男性拍摄是否有过多的仰视视角	1	0	–	–	–	1	1	1	1	1	5
女性是否处于图像边缘位置	1	1	0	1	–	–	1	0	1	–	5
是否展示女性外部特征且与产品无联系	1	1	1	1	1	1	0	1	1	–	8
女性是否承担无能力角色	1	1	1	1	1	1	1	1	1	1	10
对女性是否有刻板印象	1	1	1	1	1	1	1	1	1	1	10
背景声音是否为男性	1	1	1	0	1	1	1	1	0	1	8

注：1 代表"是"；0 代表"否"；–代表"无法判断"

根据表1统计：这十则广告都是通过对女性的刻板印象以及无能力角色设置来限定女性的活动空间、贬低女性的社会价值；有八个广告展现了与产品无关联的女性外部特征、将背景声音设置为男性声音、让男性成为广告中的主角，利用女性的外部特质来吸引更多注意力，但是却让受众更多地听到男性的声音。此外，广告也巧妙地利用男女的不同比例、男女出现的镜头频率、孩子性别设置等辅助手段来肯定男性的存在感。由此验证了视觉语法中的视觉呈现适用于广告中的性别歧视现象的分析。

4.2 性别歧视现象产生的原因

广义上的性别歧视是指个体针对特殊性别的人的贬低态度、抑制行为、偏见倾向，是"由社会文化形成、以生理性别差异为基础形成的对女性的人格尊严、角色评价和发展机会等方面的不公正态度和限制性行为"（孙书蝶，2003）。性别歧视意识形态的渗透是隐蔽性的，并存在于"话语"之中。话语在构建社会现实过程中维护了不平等的权势关系（廖益清，2008）。媒体受社会、文化、经济等诸多方面影响，对自古以来歧视女性的社会现象和社会心理存在弱意识、不作为的态度，甚至起到推波助澜的作用，而且自身也存在不同程度的宣传性别歧视的内容（张艳红，2009）。

媒体和受众之间的不平衡关系使媒体拥有绝对的话语掌控权。由于媒体和受众的不同社会角色和不同社会分工使彼此之间的关系存在本质上的不平衡。媒体拥有话语表达权，而受众只能被迫接收消息。所谓话语，首先是指实际运用的语言，指那些在社会生活中使用的各种语体（genre）、长短不一的文字以及有声或有图的传递意义的符号（田海龙，2009）。在批评话语分析（CDA）中，克瑞斯对话语的定义是表达一个机构的意义和价值观的一套有组织的、系统性的"陈述"（Kress，1985）。这个意义上的话语"既是关于语言的，又是关于实践的"（辛斌，2006）。广告是一种社会实践，广告中的不同文化符号，承载着媒体的意志。媒体一旦产生了话语，便会催生出权力。当使用"权力"这个概念来分析人类的社会行为时，它包括两种含义："行为的能力"和"支配他人的能力"（Foucault，1991）。媒体掌握的正是支配的权力，即对文化符号的支配权，对某些信息或主题进行了有意识的选择（张艳红，2009）。"在图像中，权力或权力的运用从未消失，他们只是变得更加隐晦，难以捕捉"（Kress & van Leeuwen，2006）。商业广告通过对图像的不同文化符号的操作，隐蔽性地表达性别歧视的意识，让受众在潜移默化中自然地且不自觉地接收、认可，由此形成了受众对性别不平等的无意识，最终达到控制受众思想的目的。

女性媒体工作者的职业处境堪忧。随着媒体业界竞争的加剧，媒体人员承受的压力也与日俱增。在同等压力下，女性面临着工作和家庭的双重压力。传统文化对女性的角色期待使得女性承担着照顾家庭，生儿育女的责任。女性工作几年后面临的生儿育女的负担迫使女性暂时退出媒体行业。与此同时，男性获得的晋升空间相对较大。当女性产后想重新回归媒体行业时，却发现愈发艰难。男性凭借其独特优势以及工作的稳定度获得的更多认可促使男性在媒体行业拥有更高的地位。在媒体高级、中级决策层中，女性比例分别占4.4%和9.6%（胡大海，2011）。在媒体高层中，男女性别比例的悬殊也就意味着媒体决策权和控制权大部分掌握在男性手中，从而形成男权语系机制。同时，媒体职业女性的社会性别意识和性别敏感意识低，使女性逐渐处于"失语"状态，女性在媒体行业中的地位也处于"边缘化"状态。

商业广告的内容迎合了受众的固有思维，以获得受众最大程度的认可，从而提高广告的点击率、收视率。具体的商业广告都有特定的受众，是否迎合目标群体的口味或心理成了关键。同时，如何在吸引目标群体的前提下，吸引到更多群体的关注也成了广告策划商关注的焦点。性别歧视是现实世界中存在的现象。广告媒体对女性贤妻良母、家庭主妇角色的定型；对女性外部性别特征、外在价值的消费；"将女性物化、视觉化、商品化"（张艳红，2009）等不仅迎合了传统文化对女性的刻板印象，迎合了受众对女性外在价值期待的心理，也迎合了媒体对女性社会价值否定的特殊心理。一旦广告媒体肯定女性的社会价值，便会刺激受众女性的性别敏感度。受众的整体社会性别意识一旦提高，就会威胁到现存媒体中男性的主导地位。广告媒体正是通过对广告中不同符号的长期操纵，将性别歧视意识通过不同手段隐蔽性地传达，使社会意识趋于一致化、思想趋于固定化，最终达到操控社会文化规范的目的（张艳红，2009）。同时广告性别歧视现象监察机制的不完善，机构人员性别意识的不强烈，性别歧视标准的不统一，也导致了广告媒介中性别歧视现象的产生。

经济效益的驱动。商业广告是在市场经济和全球化经济推动下的自然产物，并有其自身的运作规律。商业广告的最终目的是为了促进消费者购买商品，其中引起消费者（受众）产生兴趣和关注是第一要素。在广告的策划过程中，时间效益和成本效益都是广告商的关注焦点，即如何使受众在几十秒甚至十几秒内获得最大限度的关注甚至认可，如何使用最低的广告成本达到最佳的效果。经济竞争的加剧愈发使得广告策划商使用更多女性的外部特征来吸引受众的眼球。传媒经济本质上属于眼球经济（张艳红，2009），也叫"注意力经济"，即将女性商品化，获取更多关注度，促进更大的购买力度。同时为了营利，媒体会选择迎合受众（尤其是潜在消费者）的心理需求和落后的趣味（张艳红，2009），引发关注和讨论。如此看来，便更容易理解广告中女性穿着打扮、姿势、眼神、动作与广告中宣传的产品毫无关联的现象。商业广告在经济利益的驱动下，将女性物化，将女性作为商品的附属者。将女性的观赏性和可视性等外在价值应用于商业价值便是对女性社会价值的忽视和否定。

传统性别文化的束缚。传统文化对女性刻板印象的不断积淀使男女不平等的意识深入人心。"男主外，女主内""贤妻良母""女子无才便是德""嫁鸡随鸡嫁狗随狗""夫唱妇随"等标签，将女性在潜意识里弱化，将男性在社会上的地位不断拔高，使大众不自觉地接受，不断地加深对女性的刻板印象。大众传媒是通俗文化的载体。传媒文化源于社会文化，并推动着人类文明的进步。"男权中心秩序历史悠久，具有深厚的社会心理惯性，大众传媒领域的性别歧视现象很大程度上是现实世界有意或无意的折射和投影"（张艳红，2009）。广告媒体不但没有将性别平等意识准确无误地传达给受众，反而将性别歧视的意识推到了"艺术的高度"。在费尔克劳（Fairclough，2003）看来"意识形态是对世界某个方面的再现，而这种再现对建立、保持和改变在权力、统治和剥削等方面的社会关系发挥作用"。广告媒体通过不同的符号"维护既有性别统治秩序、掩盖两性世界不平等关系、麻痹和弱化女性的性别文化批判力，以使现存的以男性为中心的文化和社会统治更为坚固、合理"（张晓丽，1999）。

此外，性别差异的自然属性对女性造成的消极心理使女性在认知上处于弱势地位，整个社会男女经济地位的差距使绝大部分女性不断依赖男性，种种因素导致了性别歧视现象的发生。广告传播内容中的性别歧视，对受众乃至全社会可能产生或者已经产生了负面影响，严重阻碍了女性自身的发展，贬低了女性的社会价值，影响了整个社会的和谐进步（张艳红，2009）。广告媒体通过使用不同符号对女性角色不断定型和暗示，使观众在反复观摩中不自觉地形成对女性能力、角色、性格等方面的刻板印象。媒体利用电视广告的多种模态来呈现内容，构建意义，体现、反映和强化男女不平等观念以及歧视女性的意识，以巩固男性的优越地位。

5. 结语

本研究主要用视觉语法分析了一则电视广告图像模态的意义构建，并从性别呈现角度对该图像的意义进行了解读，发现了该电视广告中存在着性别歧视现象，探讨了性别歧视意识是如何存在于广告媒介的，且对这种隐蔽性地传达性别歧视的行为进行了批判。望社会能加大对广告媒体的监察力度；广告媒体能更加尊重女性的权力以及认可女性更多的社会价值；媒体工作者能提高男女平等的意识，将更好的价值观念传达给受众。同时，也呼吁更多的女性能加入媒体决策层，奉献价值，争取更多的话语权。

注释：

① 语料的网站链接 https://v.youku.com/v_show/id_XNjA4MjE2MDM2.html

参考文献：

Fairclough, N. 2003. *Analyzing Discourse: Textual Analysis for Social Research*. London: Routledge, 1: 1-191.

Foucault, M. 1991. *Remarks on Marx*. New York: Semiotext(e).

Halliday, H. M. K. 1985. *An Introduction to Functional Grammar*. London: Arnold.

Kress, G. & T. van Leeuwen. 1996. *Reading Images. The Grammar of Visual Design*. London: Routledge.

Kress, G. 1985. *Linguistic Processes in Sociocultural Practice*. Oxford: OUP.

Kress, G. and van Leeuwen, T. 2006. *Reading Images: The Grammar of Visual Design*. London: Routledge.

Lazar, M. M. 2005. Politicizing gender in discourse: Feminist critical discourse analysis as political perspective and praxis. In M. M. Lazar (ed.). *Feminist Critical Discourse Analysis*. New York: Pal-grave Macmillan, 1: 180-199.

Machin, D. 2013. Introduction: What is Multimodal Critical Discourse Analysis. *Critical Discourse Studies*, 4: 347 - 355.

Machin, D. 2016. The need for a social and affordance-driven multimodal Critical Discourse Analysis. *Discourse & Society*, 3: 322 - 334.

杜力平，1990，《大众传播学诸论》，北京：新华出版社。

冯德正、张德禄、O'Halloran，2014，多模态语篇分析的进展与前沿，《当代语言学》，第 1 期，88-99 页。

郭光华、王娅姣，2015，媒体"话语"何以赋"权"——西方话语权研究综述，《湖南社会科学》第 1 期，202-205 页。

郜丽娜、齐丽，2017，多模态批评话语分析研究概述，《湖州师范学院学报》，第 11 期，82-86 页。

胡壮麟，2007，社会符号学研究中的多模态化，《语言教学与研究》，第 1 期，1-10 页。

黄乐平，2010，从批评话语分析解读麦凯恩美国移民问题演讲，《齐齐哈尔大学学报》，第 11 期，127-130 页。

胡大海，2011，传媒行业中性别平等意识的缺失与重建，《新闻传播》第 10 期，53-55 页。

刘娟，2015，多模态话语理论在中国的研究综述，《辽宁工程技术大学学报（社会科学版）》，第 2 期，209-23 页。

李战子、陆丹云，2012，多模态符号学：理论基础，研究途径与发展前景，《外语研究》，第 2 期，1-8 页。

李德志，2013，广告类超文本多模态的视觉语法分析，《外语学刊》，第 2 期，7-11 页。

李慧艳，2014，视觉语法与多模态公益广告的整体意义构建，《长春理工大学学报（社会科学版）》，第 5 期，99-103 页。

廖益清，2008，社会性别的批评话语分析述评，《外语教学》，第 5 期，99-103 页。

孙书蝶，2003，大众传媒中的性别歧视，《新闻爱好者》，第 3 期，16-17 页。

田海龙，2009，《语篇研究：范畴视角方法》，上海：上海外语教育出版社。

田海龙、张向静，2013，图像中的意义与媒体的意识形态：多模态语篇分析视角，《外语学刊》，第 2 期，1-6 页。

田海龙、潘艳艳，2018，从意义到意图——多模态话语分析到多模态批评话语分析的新发展，《山东外语教学》，第 1 期，23-33 页。

王政，1995，《女性的崛起》，北京：当代中国出版。

王敏，2018，视觉语法下《战狼Ⅱ》与国家形象构建，《新闻爱好者》，第 2 期，81-84 页。

吴廷俊、郑玥，2004，电视广告中女性刻板印象解析，《当代传播》第 5 期，68-70 页。

辛斌，2006，福柯的权力论与批评性语篇分析，《外语学刊》，第 2 期，1-6 页。

辛斌、高小丽，2013，批评话语分析：目标、方法与动态，《外语与外语教学》，第 4 期，1-6 页。

朱永生，2007，多模态话语分析的理论基础与研究方法，《外语学刊》，第 5 期，82-86 页。

赵芃、田海龙，2008，批评性语篇分析之批评：评介与讨论，《南京社会科学》第 8 期，143-147 页。

张恒军，2012，当代传媒中女性刻板印象批评，《新闻界》，第 1 期，50-53 页。

张敬源、贾培培，2012，关于视觉语法的几点思考，《当代外语研究》，第 3 期，38-42 页。

张晓丽，1999，简评无私时期的妇女刊物，《安徽农业大学学报（社科版）》，第 2 期，24-54 页。

张艳红，2009，《女性主义视野下的媒介批评》，武汉大学博士学位论文。

庄孜，2008，文化·媒介·女性——以电视剧《粉红女郎》为例解读我国电视媒介中女性形象的"刻板印象"，《怀化学院学报》，第 8 期，62-64 页。

The Study of the Gender Discrimination from the Perspective of Multimodal Critical Discourse Analysis
A Case Study of the Image Construction of a TV Commercial

Shu Yue, Tianjin University of Commerce
Huang Leping, Tianjin University of Commerce

Abstract: The emergence of Multimodal Discourse Analysis broadens the research perspective of discourse analysis. At present, there are many multimodal studies in the advertising field, but there are few studies on gender discrimination. The study of gender discrimination is mainly based on the perspective of gender analysis, feminist perspective, feminist media criticism perspective, consumer culture perspective, etc. There are few research studies of gender discrimination based on the perspective of Multi-modal Discourse Analysis. Combining the theory of Multimodal Discourse Analysis with the study of gender discrimination, the creative combination, can not only test the practicality and maturity of multimodal theory, but also increase the research perspective of gender discrimination. The study found that Multimodal Discourse theory is also applicable to the study of gender discrimination in the advertising field, and through the Multi-modal Critical Discourse Analysis perspective, it can also find more forms of gender discrimination. Based on that perspective, the study uses Kress and van Leeuwen's visual grammar as a theory to analyze that how a media uses commercial images to construct gender discrimination in the TV commercial, and also analyze the causes of this phenomenon. The analysis shows that the traditional cultural restraint, the commercial characteristics of advertising, the low sensitivity of gender awareness in the media industry, the media patriarchal culture and other reasons enable the media to use various symbol resources to conceal the awareness of gender discrimination in order to achieve the maintenance of male culture again. This kind of research from "meaning" to "intention" reflects the new development trend of multimodal discourse analysis to modal criticism discourse analysis.

Key words: Multimodal Critical Discourse Analysis; Visual Grammar; TV commercial; Gender discrimination

作者简介：

舒月，女，天津商业大学外国语学院研究生。研究方向：话语分析、跨文化商务沟通。

黄乐平，男，天津商业大学外国语学院副教授。研究方向：二语习得、英语教学。

| 论 文 | 《话语研究论丛》第八辑
2020年 |

2019年国内批评话语研究年度综述*

◎ 刘立华　北京交通大学语言与传播学院
◎ 韦荣波　北京交通大学语言与传播学院

1. 引言

批评话语分析（CDA）形成于20世纪70-80年代，发展壮大在新世纪之交，在21世纪头20年进入到批评话语研究（CDS）阶段（Graham，2002；van Dijk，2007；Wodak & Meyer，2015；田海龙，2019a）。CDA自1995年被引入我国学术界（穆军芳，2016；田海龙，2009），短短25年的时间，经过初期的译介述评阶段，已被广泛接受，越来越多的中国学者开始"运用批评话语分析原则和方法探索话语在中国社会生活中的作用"（田海龙，2009：2）。以此为背景，本文对2019年国内批评话语研究的主要研究成果进行梳理，认为该年度国内批评话语研究的特点主要体现为研究范式及研究主题的多样、跨学科性的凸显，以及语料库研究方法的深度使用等方面。

2. 研究范式的多样性

从国内2019年有关批评话语研究的四种经典模式来看，费尔克劳的分析模式依然受到批评话语研究学者的认可与青睐，但是国内学者却常用其大约30年前提出的三维分

---

* 通讯作者：刘立华
联系地址：北京市（100044）海淀区上园村3号，北京交通大学语言与传播学院
电子邮件：llihua@163.com
基金项目：国家社科基金重大项目"中国特色大国外交的话语构建、翻译与传播研究"（17ZDA318）

析框架，有关该模式的最新进展（Fairclough & Fairclough, 2018；田海龙，2019a）少有应用。有关话语的社会认知模式研究的主要文献包括对范代克（van Dijk）的语境心理模型理论的介绍（尤泽顺，2019a；朱蕾、王慧美，2019）。话语空间理论（Chilton, 2004）和趋近化理论，又称趋同论（Cap, 2018）成为批评认知语言学研究备受关注的理论基础之一，也受到学者的关注。趋同论常用来解释政治语篇的合法化建构，因此，对于批评话语研究和政治语言学研究提供了全新的视角。胡元江和钱露（2019）从趋同论视角探讨了政治语篇的合法化建构。宋健楠（2019）在趋近化理论（Cap, 2013；2017）基础之上，着重论述趋近事实所依存的心智体验（Langacker, 2008：30）及其批评阐释的适配性。值得注意的是，国内 2019 年有关的话语历史分析方法的文献较少。

批评话语研究的学者在重新思考其理论基础的过程中，将多种形式的符号化和中介路径纳入批评话语研究当中（Machin, 2013）。许多新兴的研究范式因此不断发展和壮大，其中包括批评认知语言学、多模态批评话语分析、批评译学研究、边缘话语分析和批评生态话语分析等。

批评认知语言学根据认知语言学理论框架的不同分为以下四类：隐喻批评分析、图式图像分析、话语世界分析以及哈特（Hart, 2016）提出的批评话语研究的认知研究范式（张辉、杨艳琴，2019）。汪徽和辛斌（2019）根据批评话语分析和社会建构主义的理论，运用批评隐喻分析法和语料库研究法，以美国主流媒体对"美国退出 TPP"事件的 82 篇报道为语料，分析了美国媒体在报道中使用的隐喻以及通过隐喻建构的中国形象。

与此同时，批评认知领域的学者也寻求新的理论。孙毅和李全（2019）应用隐喻图景分析法（metaphor scenario analysis）（Musolff, 2016）对特朗普就职演讲进行了分析。汪少华和纪燕（2019）在批评架构分析框架（汪少华、张薇，2018：28）的基础上进一步融合生态语言学理论、认知语言学和批评话语分析，形成生态批评架构理论框架并对《变革我们的世界：2030 年可持续发展议程》进行了分析。张薇（2019）同样基于该理论框架，解构美媒话语对"一带一路"的建构过程。

多模态批评话语分析是另一个备受关注的研究范式。多模态批评话语分析学者开始致力于引入和评述国外相关理论，探讨现有理论的适应性和本土化问题。林晶（2019）指出多模态批评话语分析作为一个新兴的研究领域，在理论框架与方法体系构建、模态间关系以及符号形式和意义表达之间关系的确定、多模态研究与认知批评话语研究的结合、文化语境、技术层面、主观因素等方面存在着有待探索的空间。潘艳艳（2019a）借鉴社会符号学的视觉语法（Kress & van Leeuwen, 2006）和认知语言学关于隐喻和转喻的理论来构建多模态认知批评视角，同时运用"认知-功能"分析法和传播学和新闻学的理论，对比分析中国中央电视第七频道和美国国防部网站对 2017 年"中美救援减灾联合实兵演练"这一事件的新闻报道。

视觉语法是多模态批评话语分析最常使用的分析框架,包括中国对外宣传片分析(刘嘉辉、刘立华,2019)、政务新媒体照片分析(王建华,2019)等。其中,多模态的隐转喻也是学界关注热点。杨翕然(2019)探讨了与中美贸易战相关新闻视觉隐转喻的结构和意义以及新闻图片意义中各类视觉隐转喻的话语构建。此外,该领域的相关学者开始将研究对象扩展到视觉图像之外的其他符号模态,如声音等。李晶晶(2019)以多模态批评话语分析为基础分析了两会记者招待会现场的口译过程,探索视觉和声音维度的多模态意义构建。秦勇和丁建新(2019)在多模态批评话语分析视角下,通过研究音乐话语的概念意义和人际意义,探讨音乐模态符号是如何实现意识形态的自然化与合法化。在多模态的理论探讨方面,张德禄和胡瑞云(2019)认为,在多模态话语的建构和分析中应该重视对符号系统及其符号的供用特征的研究。

批评译学研究在借鉴批评话语分析理论和研究方法的基础上试图解决翻译实践中遇到的问题。田海龙(2019b)反思了自己在翻译《语言与全球化》过程中与翻译相关的因素以及翻译特定术语时最终的译文选择,归纳出影响译者译文选择的因素,并参照范代克(van Dijk,2012)关于语境模型的论述提出译者模型的概念。刘璇(2019)通过考察一则中央文献的英语译文在中美新闻报道中被采用情况,论述了译文在社会实践中的生产、分配和消费过程。陈勇(2019)在借鉴批评话语分析的视角下分析并归纳出翻译规范(研究)的7个特征。刘春梅(2019)以系统功能语言学的人际功能理论为框架,探讨了政治演讲中语气的英译问题。尤泽顺(2019a)则运用批评话语分析的语境观对On Irritability(说说易怒)原文与译文中的"滑移"(shift)现象进行比较分析,讨论了意识形态在翻译活动中具有的不稳定性和动态性。

3. 研究主题的广泛性

3.1 形象建构的话语研究

形象建构是2019年国内批评话语研究一个重要课题,关注重点可归纳为国家、企业、特定群体和城市形象"他塑"研究以及形象建构背后的意识形态研究。中国在国际上的形象话语建构研究近来备受学界关注,"一带一路"以及党的形象传播构成了2019年度的一个研究重点。李莎莎(2019)对德国主流媒体上"一带一路"的形象进行了研究;曹韦和赵媛媛(2019)则对阿根廷主流媒体对"中共十九大"的相关报道进行了研究;蒋岳春(2019)对美国媒体对中国共产党执政与改革思路的报道进行了解读。企业和机构形象建构是批评话语研究学者又一个重点关注的课题。张雅萍和任育新（2019）以《中国日报》有关甘肃形象的报道为语料，从报道主题、话语方式和话语倾向三个方面考察了甘肃形象的建构。同时，特定群体形象的话语建构也是目前批评话语研究的重点。焦俊峰和刘美兰（2019）以评价理论中的态度资源和批评话语分析理论为基础，对比研究《卫报》和《纽约时报》相关报道所构建的孔子学院、中国文化（刻板）形象及其意识形态根源。潘艳艳（2019b）分析揭示了中美警察形象宣传片在叙事特征、互动意义以及意识形态方面的不同。廖益清（2019）基于系统功能语法，解析了时尚话语中隐性社会性别身份的构建。谭爽（2019）则讨论了某高校硕士研究生毕业论文答辩中答辩者身份的动态特征。

3.2 有关话语权威和话语斗争的研究

话语权威是 2019 年度话语研究学界一个新的焦点。应对突发公共事件舆情的官方话语研究、法庭话语、专家话语等成为学界关注的热点。蒋弘和毛浩然（2019）归纳了"高铁门"中官方应对公众舆情采取的话语策略。赵芃（2019）依据费尔克劳关于"话语技术化"与"霸权"的相关论述，阐释了"话语技术化"在实现技术者"霸权"过程中的作用和机制。金子惜、毛浩然和蒋弘（2019）则认为，此类研究可从话语模式、话语策略、话语主体、话语受众、话语语境五个层面开展研究。

批评话语分析并非"毫无激情而纯客观的"社会科学，批评话语分析学者都是带着激情和强烈的责任感投入工作的（Fairclough，1995：259），他们在研究中毫不掩饰自己的政治立场，公开声称研究的出发点是帮助弱势群体，改变不平等、不公正的社会秩序（郭松，2019）。国内 2019 年文献的一个特点是关注政治话语中潜在冲突与对抗。张辉和颜冰（2019）在批评认知语言学视域下，以话语空间理论（Chilton，2004）和趋近化（Cap，2010、2013、2015）理论为具体的分析框架研究美、叙、中对叙利亚战争的不同报道，以揭示各方之间在立场、态度和意识形态中的分歧和对抗。此外，学者也开始着眼于历史文书翻译中原文和译文之间话语权力冲突研究。

3.3 新媒体话语研究

随着新兴技术不断地发展，新的媒体话语不断地发展和涌现。弹幕、微博话语、网聊等一系列备受青年青睐的新媒体话语不断涌现。沈文静（2019）聚焦探究弹幕符号的形式特征以及文化内涵。武建国、牛振俊和肖晓（2019）以《十八届五中全会公报》（简称《公报》）在微博中的传播为例，试图剖析政治话语在新媒体传播中所涉及的重新语境化和意义转换现象。袁周敏（2019）在整合前人研究的基础上，尝试提出了微博话语中语用立场（pragmatic stance）构建的维度与分析框架。徐起起（2019）探讨了网络聊天和传统面对面聊天的异同及网聊话轮（turn order）的本质特征。

3.4 有关社会热点的话语研究

有关社会热点的话语研究也是 2019 年度的一个研究热点。辛斌和李文艳（2019）以 Facebook 上有关南海问题的新闻为具体案例，对新闻话语的互文性进行了分析。此外，辛斌（2019a，b）也从互文性出发，分别对南海仲裁案裁决书和美媒关于 2015 年中国 9.3 阅兵报道进行了分析和讨论。黄晓琴（2019）探讨了美国国会关于气候变化问题的言语行为和话语实践。吕伊哲（2019）对新闻语篇中转述言语的转述形式、转述动词和消息来源三个方面进行了互文性分析。钱毓芳（2019）研究了《纽约时报》15 年间对低碳话语的构建，反映了美国在走低碳经济过程中的所作所为以及低碳话语的变迁和不断地重构过程。郭海婷（2019）对法国政府推进低碳战略过程中的话语建构和认知变化以及隐藏的经济与政治利益进行了研究。赵秀凤（2019）则结合中海油竞购优尼科石油公司失败案例，运用田海龙（2017）提出社会实践网络分析模型从横向和纵向两个维度系统分析了西方学者、媒体、政治行为体协同建构的所谓的"中国能源威胁论"。

3.5 其他研究领域

从 2019 年所刊发的文献来看，批评话语研究的对象，还涉及一些新兴的研究领域如死亡话语研究、服刑人员话语、文学话语研究和遗产话语研究。高一虹（2019）探索了中国语境下的死亡话语类型及其与社会变迁的关系。卜晓晖和高一虹（2019）具体讨论了"生前预嘱"这一国内新兴的语类，探究新语类的生产和使用过程中不同力量的博弈。高一虹和孟玲（2019）在批评话语分析视角下，分析微博话语中有关自杀倾向的表达。丁建新和陈柳（2019）在文学批评分析中引入边缘话语分析，以 Coetzee（库切）的小说《耻》为具体分析对象，分析库切的叙事中被边缘化的白人和动物形象。赵常友和刘承宇（2019）则从语言生态学视角出发，分析了服刑人员的话语。潘红（2019）揭示了晚清文学翻译对社会意识重构的潜在作用。高佳燕和侯松（2019）解读了中国传统话语对"医"这一汉字的意义建构。此外，侯松、刘慧梅和高佳燕（2019）以浙江衢州"周王庙"为例，论述了原真语言在文化遗产意义建构中的作用。

4. 研究方法的跨学科性

跨学科研究是批评话语研究议程设置的重要组成部分，也是议程设置的结果（苗兴伟、赵云，2019）。批评话语分析的学者通过自身的话语实践不断形成和深化其研究对象，借助自身的学术影响和相应的学术平台反复凸显其研究内容，在与其他学者的辩论中广泛拓展自身的学术思想，具有强烈的跨学科特征，也使其具有独特的研究方法（田海龙，2019c）。

杨敏和王敏（2019）回顾并梳理了话语历史分析方法深厚的结构主义、后结构主义及后现代主义的哲学和社会学理论根基。魏曦英（2019）论述了话语分析对国内新闻传播领域学术研究的促进和提升，并对传媒话语分析的发展进行了思考。赵小晶和张斌（2019）立足转述言语，在费尔克劳三维话语分析框架的基于上引入传播学领域的框架理论，提出构建新闻话语动态分析框架，探究新闻话语形成的动态过程和媒介人员在认知引导下完成话语建构的策略。田海龙（2019d）考察了批评话语分析、社会符号学以及新修辞学关于话语、符号、修辞的认识，认为三种学科之间形成跨学科的"融合"的前提是对新的历史问题的主动回应，并详细列举了实现融合的方式，包括各自术语、方法和理论被"再情景化"和"内化"到彼此学科之中。该研究对于批评话语分析的跨学科的交融和对话提供借鉴，为学术话语实践创新提供了参考。陈建平（2019）以哈贝马斯的交往理论为基础尝试提出了一个适用于机构话语机制研究的分析框架。胡安奇（2019）则回顾了伯恩斯坦的教育社会学传统对话语研究的启示。

批评话语研究和生态语言学得到进一步的融合和发展。苗兴伟和雷蕾（2019）阐释了生态话语如何建构人类与生态系统之间的关系，揭示生态话语如何生产和再生产物种主义和人类中心主义的意识形态。孙永春（2019）提出了从生存、人际/群际、主体性三个维度对生态话语进行分析的思路。

政治学和外交学与批评话语研究联系更加紧密。尤泽顺（2019b）在涉领土争议外交话语研究的基础上，在批评话语分析视角下，试图构建一个外交话语多维分析框架。胡开宝（2019）依据中国特色大国外交思想、批评话语分析和外交学相关理论，深入探讨中国特色大国外交话语构建的原则、形式、策略和方法等，以推进中国特色大国外交话语的构建与传播。

5. 语料库研究方法的普遍性

随着语料库技术的发展，利用大型语料库进行对比研究成为当下批评话语研究的趋势。批评话语研究关注自然发生的话语（Wodak & Meyer，2015：2），"大型语料库为话语分析回归真实数据提供了宝贵的技术支持"（de Beaugrande，1997：42），也使批评话语分析研究过程中容易出现的主观性问题得到了一定的解决，提升了批评话语分析研究的可信度（Mautner，2016：155；苗兴伟、赵云，2019）。国内 2019 年批评话语研究的相关文献也迎合了这一研究趋势。张辉和颜冰（2019）为了弥补趋近化理论研究中相关研究缺少定量分析而导致的阐释缺陷，使用语料库并结合话语空间理论与趋近化理论对叙利亚战争话语个案进行了研究。

就话语研究的语料库方法而言，目前批评话语研究学者多是结合文本中微观的语言因素如高频词、高频词丛、索引行、搭配、情态词与语义倾向等语料库研究方法对具体新闻话语、政治语篇进行批判性分析，使定性研究和定量研究相结合，从而透过语言形式揭示新闻媒体的意识形态和态度倾向。目前语料库语言学的发展使语义韵研究成为语篇研究的新范式。通过语料库技术对大量特定语料进行定量分析，可发现语言事实和典型语义韵特征，从而有效避免研究者的主观偏见，提高分析的可信度。因此，基于语料库的语义韵研究将更直观和客观地反映语篇话语操控者的意图及其背后的意识形态（曹韦、赵媛媛，2019）。随着新媒体技术和语料库的迅速发展，语料库分析为系统阐释多模态话语的特征和多模态意义的社会构建提供了实证依据，解决了多模态分析的主观性问题。学者也开始关注语料库批评话语分析饱受诟病的问题，最多的批评就是语料库方法偏重形式研究和统计分析，而对实际内容关注不够。

6. 结语

尽管批评话语分析几经波折，受到学界其他研究范式的质疑和批评，但目前已毫无悬念的成为一支普遍公认的世界性的重要学术流派（田海龙，2019d）。2019 年国内的批评话语研究无论是在传统研究范式理论传承和本土化还是在新兴的研究路径创新和发展方面都取了丰硕成果。总体来看，批评话语研究因其超强的理论解释力，多样化且操作性强的研究方法而受到众多研究学者青睐。在高度发达的媒体技术得到广泛应用的今天，社会各领域中的特定话语无时无刻不在与其他领域中的话语互动，并形成杂糅，这也是批评话语研究蓬勃发展重要缘由。随着新媒体技术不断出现，语料库技术和批评话语研究的地位在不断平衡，研究方法也在不断更迭。但是，我们还应该看到，国内的批评话语研究大多借鉴了费尔克劳的三维分析模式或是范代克的社会认知模式，以语料库为基础的话语研究在国内较为普遍。其次，在方法和理论上，国内研究基本是借鉴国外的研究范式，关注的也往往是中国的话语实践，或是中外话语实践的比较。研究方法多是在某一批评话语研究范式基础上的文本分析或是话语策略分析，话语与社会相关因素之间的辩证关系还没有得到应有的挖掘和梳理。

致谢:

感谢田海龙教授、张毓博士以及评审专家在本文写作过程中给出的意见和建议。

参考文献:

Cap, P. 2010. Axiological Aspects of Proximation. *Journal of Pragmatics*, (2): 392-407.

Cap, P. 2013. Proximization Theory and Critical Discourse Studies: A Promising Connection. *International Review of Pragmatics*, (2): 293-317.

Cap, P. 2017. *The Language of Fear*. London: Palgrave Macmillan.

Cap, P. 2018. Spatial Cognition. In J. Flowerdew & J. Richardson (eds.) *The Routledge Handbook of Critical Discourse Studies*. London: Routledge.

Chilton, P. 2004. *Analysing Political Discourse: Theory and Practice*. London: Routledge.

de Beaugrande, R. 1997. The Story of Discourse Analysis. In T. van Dijk (eds.) *Discourse as Structure and Process*. London: SAGE Publications.

Fairclough, N. 1995. *Critical Discourse Analysis: The Critical Study of Language*. London: Longman.

Fairclough, N. & I. Fairclough. 2018. A Procedural Approach to Ethical Critique in CDA. *Critical Discourse Studies*, (2): 169-185.

Graham, P. 2002. Critical Discourse Analysis and Evaluative Meaning: Interdisciplinarity as A Critical Turn. In G. Weiss & R. Wodak (eds.) *Critical Discourse Analysis: Theory and Interdisciplinarity*. Basingstoke: Palgrave Macmillan.

Hart, C. 2016. The Visual Basis of Linguistic Meaning and Its Implications for Critical Discourse Analysis: Integrating Cognitive Linguistic and Multimodal Methods. *Discourse & Society*, (3): 335-350.

Kress, G. & T. van Leeuwen. 2006. *Reading Images: The Grammar of Visual Design*. London: Routledge.

Langacker, R. 2008. *Cognitive Grammar: A Basic Introduction*. Oxford: Oxford University Press.

Machin, D. 2013. What is Multimodal Critical Discourse Studies. *Critical Discourse Studies*, (4): 347-355.

Mautner, G. 2016. Checks and Balances: How Corpus Linguistics Can Contribute to CDA. In R. Wodak & M. Meyer (eds.) *Methods of Critical Discourse Studies*. London: SAGE Publications.

Musolff, A. 2016. *Political Metaphor Analysis: Discourse and Scenarios*. London: Bloomsbury Academic.

van Dijk, T. 2007. Editor's Introduction: The Study of Discourse—An Introduction. In T. van Dijk (ed.) *Discourse Studies*. London: SAGE Publications.

van Dijk, T. 2012. Principles of Critical Discourse Analysis. In H. L. Tian & P. Zhao (eds.) *Critical Discourse Analysis: Essential Readings*. Tianjin: Nankai University Press.

Wodak, R. & M. Meyer. 2015. Critical Discourse Studies: History, Agenda, Theory and Methodology. In R. Wodak & M. Meyer (eds.) *Methods of Critical Discourse Analysis*. London: SAGE Publications.

卜晓晖、高一虹，2019，中文"生前预嘱"的语篇设计意图与使用反馈，《外国语言文学》，第1期，60-72页。

曹韦、赵媛媛，2019，阿根廷主流媒体中的中国形象：基于对"中共十九大"报道的批评话语分析，《西安外国语大学学报》，第3期，37-42页。

陈建平，2019，机构话语中的交往行为探索，《现代外语》，第2期，206-219页。

陈勇，2019，从批评话语分析视角看翻译规范的特征及其后现代性，《天津外国语大学学报》，第5期，25-34页。

丁建新、陈柳，2019，从后殖民视角看小说《耻》的边缘群体，《湖南科技大学学报（社会科学版）》，第4期，42-49页。

高佳燕、侯松，2019，中医遗产的本土叙述与文化话语重构——基于浙江衢州两部方志的考察，《浙江外国语学院学报》，第3期，65-72页。

高一虹，2019，死亡话语类型与社会变迁探索，《外语研究》，第2期，1-6页。

高一虹、孟玲，2019，自杀倾向的话语表述——大学生"走饭"微博分析，《外语与外语教学》，第1期，43-55页。

郭海婷，2019，法国政治语篇中的低碳话语建构，《天津外国语大学学报》，第2期，42-54页。

郭松，2019，批评话语分析：批评与进展，《北京第二外国语学院学报》，第4期，34-47页。

侯松、刘慧梅、高佳燕，2019，语言原真性与文化遗产的意义生成——以浙江衢州"周王庙"为中心，《东南文化》，第5期，6-13页。

胡安奇，2019，巴兹尔·伯恩斯坦：在结构与历史之间，《山东外语教学》，第3期，31-40页。

胡开宝，2019，中国特色大国外交话语的构建研究：内涵与意义，《山东外语教学》，第

4期,11-20页。

胡元江、钱露,2019,趋同论视角下政治语篇的合法化研究——以白宫发言人涉朝话语为例,《外语学刊》,第5期,18-23

黄晓琴,2019,美国国会辩论中关于气候变化话语建构,《天津外国语大学学报》,第2期,55-65页。

蒋弘、毛浩然,2019,突发公共交通安全事件舆情的官方话语策略研究——以"高铁门"事件为例,《天津外国语大学学报》,第6期,56-66页。

蒋岳春,2019,美国主流媒体视野中十九大报告的批评话语分析,《外国语文》,第4期,10-16.

焦俊峰、刘美兰,2019,英美媒体对孔子学院文化形象构建研究——基于《卫报》与《纽约时报》相关报道的批评话语分析,《天津外国语大学学报》,第4期,13-23页。

金子惜、毛浩然、蒋弘,2019,应对突发公共事件舆情的官方话语研究:梳理与突破,《天津外国语大学学报》,第6期,44-55页。

李晶晶,2019,多模态批评话语分析视角下的口译过程研究,《外国语》,第6期,60-70页。

李莎莎,2019,德国主流媒体对中国"一带一路"倡议认知——一项语料库批评话语分析,《德国研究》,第2期,99-114页。

廖益清,2019,时尚话语中的隐性社会性别身份:以小句过程类型分析为例,《中国外语》,第3期,47-52页。

林晶,2019,多模态批评话语分析:理论探索、方法思考与前景展望,《解放军外国语学院学报》,第5期,31-39页。

刘春梅,2019,政治演讲中语气英译策略探究,《天津外国语大学学报》,第5期,35-44页。

刘嘉辉、刘立华,2019,中国对外宣传片交互意义的多模态话语建构,《跨文化研究论丛》,第1期,44-56页。

刘璇,2019,中央文献英译接受效果的话语研究——一项基于中美新闻报道的案例分析,《天津外国语大学学报》,第5期,45-57页。

吕伊哲,2019,中美主流媒体关于亚投行英文报道中的转述言语分析,《天津外国语大学学报》,第4期,24-35页。

苗兴伟、雷蕾,2019,基于系统功能语言学的生态话语分析,《山东外语教学》,第1期,13-22页。

苗兴伟、赵云,2019,批评话语分析的议程设置与路径演进,《解放军外国语学院学报》,第

5 期,1-10 页。

穆军芳,2016,国内批评话语分析研究进展的科学知识图谱分析(1995-2015),《山东外语教学》,第 6 期,26-34 页。

潘红,2019,《迦因小传》中西洋器物的话语意义,《天津外国语大学学报》,第 5 期,87-94 页。

潘艳艳,2019a,多模态认知批评视角的军事新闻报道分析,《解放军外国语学院学报》,第 5 期,22-30 页。

潘艳艳,2019b,多模态视阈下的国家安全话语分析——以中美警察形象宣传片的对比分析为例,《外国语文》,第 1 期,78-87 页。

钱毓芳,2019,《纽约时报》关于低碳经济的话语建构,《天津外国语大学学报》,第 2 期,30-41 页。

秦勇、丁建新,2019,社会符号、音乐话语和意识形态:多模态批评视角,《山东外语教学》,第 3 期,11-21 页。

沈文静,2019,社会与符号的互动:青年新媒体话语与"e"托邦建构,《山东外语教学》,第 3 期,22-30 页。

宋健楠,2019,批评性话语阐释的合法化趋近视角,《现代外语》,第 4 期,475-486 页。

孙毅、李全,2019,政治隐喻与隐喻政治——基于特朗普总统就职演讲的隐喻图景分析,《山东外语教学》,第 5 期,35-47 页。

孙永春,2019,生态话语多维度多层面分析模式建构,《山东外语教学》,第 1 期,33-43 页。

谭爽,2019,论文答辩中答辩者身份的动态特征,《话语研究论丛》,第 1 期,98-111 页。

田海龙,2009,语篇研究:范畴、视角、方法,上海:上海外语教育出版社。

田海龙,2017,社会实践网络与再情景化的纵横维度——批评话语分析的新课题及解决方案,《外语教学》,第 6 期,7-11 页。

田海龙,2019a,批评话语研究的三个新动态,《现代外语》,第 6 期,855-864 页。

田海龙,2019b,从语境模型到译者模型——一个探究译者如何决定译文的质的研究案例,《天津外国语大学学报》,第 5 期,14-24 页。

田海龙,2019c,批评话语分析 40 年之话语形成——兼谈对学术话语体系建构的启示,《天津外国语大学学报》,第 1 期,1-12 页。

田海龙,2019d,知识的交汇与融合——批评话语分析、社会符号学以及新修辞学发展轨迹引发的思考,《当代修辞学》,第 1 期,55-64 页。

汪徽、辛斌,2019,美国媒体对中国形象的隐喻建构研究——以"美国退出 TPP"相关报道为例,《外语教学》,第 3 期,32-38 页。

王建华,2019,政务新媒体照片话语的视觉语法——语用分析,《当代修辞学》,第 2 期,72-83 页。

汪少华、纪燕,2019,生态话语的批评架构分析——以《变革我们的世界:2030 年可持续发展议程》为例,《中国外语》,第 5 期,59-67 页。

汪少华、张薇,2018,"后真相"时代话语研究的新路径:批评架构分析,《外语教学》,第 4 期,29-34 页。

魏曦英,2019,话语分析在国内新闻传播学领域的运用(2004—2018)——基于八本 CSSCI 新闻传播学类期刊的视角,《东南传播》,第 5 期,9-13 页。

武建国、牛振俊、肖晓,2019,政治话语在新媒体传播中的重新语境化和意义转换——以微博中的《公报》为例,《外语与外语教学》,第 3 期,47-55 页。

辛斌,2019a,体裁互文性的语篇分析——以南海仲裁案裁决书为例,《外语学刊》,第 5 期,12-17 页。

辛斌,2019b,英语新闻语篇体裁互文中的语言过程分析——以美媒关于 2015 年中国 9.3 阅兵报道为例,《天津外国语大学》,第 4 期,2-12 页。

辛斌、李文艳,2019,社交平台新闻话语的互文性分析——以 Facebook 上有关南海问题的新闻为例,《当代修辞学》,第 5 期,26-34 页。

徐赳赳,2019,新媒体网聊的话轮秩序与语义模式,《福建师范大学学报》,第 3 期,116-125 页。

杨敏、王敏,2019,Ruth Wodak 话语——历史分析法中的哲学社会学思想探,《外语教学与研究》,第 3 期,347-356 页。

杨翕然,2019,视觉隐转喻视角下的话语构建,《当代修辞学》,第 5 期,80-93 页。

尤泽顺,2019a,翻译过程中的意识形态滑移——On Irritability 英译汉批评性分析,《天津外国语大学学报》,第 2 期,66-80 页。

尤泽顺,2019b,外交话语分析框架构建——以涉领土争议话语研究为例,《山东外语教学》,第 5 期,22-34 页。

袁周敏,2019,语用立场锥体:媒体微博立场研究的尝试,《外语学刊》,第 4 期,26-31 页。

张德禄、胡瑞云,2019,多模态话语建构中的系统、选择与供用特征,《当代修辞学》,第 5 期,68-79 页。

张辉、颜冰,2019,政治冲突话语的批评认知语言学研究——基于叙利亚战争话语的个案研究,《外语与外语教学》,第 4 期,14-27 页。

张辉、杨艳琴，2019，批评认知语言学：理论基础与研究现状，《外语教学》，第 3 期，1-11 页。

张薇，2019，政治话语的批评架构分析——以美媒对"一带一路"的报道话语为例，《贵州社会科学》，第 6 期，94-101 页。

张雅萍、任育新，2019，国内主流英文报刊 China Daily 中甘肃形象话语建构研究，《天津外国语大学学报》，第 4 期，36-49 页。

赵常友、刘承宇，2019，边缘话语分析——一项关于服刑人员语言状态的田野调查，《天津外国语大学学报》，第 5 期，66-78 页。

赵芃，2019，话语的技术化与权力的合法化——医药电视节目中权力合法化运作的探究，《外语与外语教学》，第 1 期，65-75 页。

赵小晶、张斌，2019，转述言语与新闻话语动态分析框架建构，《外语学刊》，第 5 期，37-42 页。

赵秀凤，2019，能源话语的社会实践网络分析，《话语研究论丛》，第 1 期，18-31 页。

朱蕾、王慧美，2019，"女生节"高校条幅语言使用的批评话语分析与思考，《话语研究论丛》，第 1 期，86-97 页。

（本文原载于《天津外国语大学学报》2020 年第 6 期 131-140 页）

作者简介：

刘立华，男，北京交通大学话语与跨文化传播研究中心教授。研究方向：功能语言学、话语研究、跨文化传播。

韦荣波，男，北京交通大学话语与跨文化传播研究中心研究生。研究方向：话语研究、跨文化传播。

书评

《中国新闻翻译的话语分析》评介*

◎ 张立庆　天津外国语大学中央文献翻译研究基地

摘　要　本文介绍劳特利奇出版社于 2019 年出版的《中国新闻翻译的话语分析》一书的主要内容并简单评价其对话语研究和翻译研究的意义，探讨其在研究视角和研究范式上的创新之处。本文认为该书拓宽了批评话语分析的研究视野，也有助于推动翻译研究的焦点由传统的文本对比研究走向到译者行为及其社会语境研究，是批评话语分析与翻译研究结合的成功尝试。该书强调翻译研究和批评话语分析两个学科之间的融合和相互汲取营养，是超学科视角下的翻译研究新范式。

关键词　批评话语分析；新闻翻译；超学科视角；翻译研究范式

1. 引言

《中国新闻翻译的话语分析》（*A Discourse Analysis of News Translation in China*）是劳特利奇出版社（Routledge）于 2019 年出版的《劳特利奇中国翻译研究丛书》（*Routledge Studies in Chinese Translation*）之一，作者夏亮（Liang Xia）曾在悉尼大学为本科生和研究生开设翻译理论与实践课程，2017 年在悉尼大学获得中国翻译研究方向的博士学位。本书即是作者在博士论文基础上的提升与出版。本书以国内发行量最大的政治性报纸《参考消息》为研究对象，从批评话语分析的视角出发，借用费尔克劳（Fairclough）的话语三维分析框架对新闻翻译进行了翻译产品、翻译过程和权力关系等三个方面的分析，对

---

* 通讯作者：张立庆
　联系地址：天津市河西区马场道 117 号　中央文献翻译研究基地
　电子邮件：zhangliqing010@163.com

翻译研究和批评话语研究均有借鉴意义。

下面先介绍该本书的主要内容，之后简要评述其在话语研究、翻译研究、研究视角和研究范式等方面的启示。

2. 著作的主要内容

全书共八章。第一章"引言"简要介绍本书的研究背景、研究对象和研究目的及意义。作者着重介绍了《参考消息》的发展历史、版面布局和外来性、翻译性、信息性、滞后性、严肃性和编辑性等六个方面的特征，指出本书的研究重点是英汉新闻翻译中的操控，具体研究什么被操控、如何被操控和因何被操控等问题。本书的主要贡献是提出了"产品-过程-权力（product-process-power）"的分析框架，它借鉴了翻译学、批评话语分析、民族志和传播学等领域的理论，具有以下三个特征：一、包含了翻译产品的语言学描述、翻译过程的话语实践解读和社会背景下翻译活动的权力关系阐释；二、指出了译者所处的机构环境及其对翻译产品的影响；三、强调了对翻译实践产生影响的机构因素和社会因素。

第二章"新闻翻译"分别回顾了翻译学、新闻翻译以及《参考消息》等三个方面的相关研究，指出研究不足。翻译研究方面，作者回顾了翻译研究的历史，特别是自翻译研究成为独立学科以来的发展历程。作者借用贝尔（Bell, 1991）对"翻译"概念的理解区分，分别从翻译产品、翻译过程和翻译理论的角度指出了"翻译标准从对等到目的""译者从隐身到显现"和"研究范式从语言学到文化"的发展轨迹。新闻翻译研究方面，作者梳理了新闻翻译，特别是有关跨地域、跨语言、跨文化的新闻生产和翻译的文献，突出了新闻翻译在改写、时效和合作等方面的特点和研究新闻翻译过程的把关人理论（gatekeeping theory）。作者指出，翻译（包括口译）研究的边界不断扩宽，已涉及社会、文化、政治、意识形态和认知等多个维度。就中国政府新闻机构的新闻翻译而言，目前还局限于从业者所做的总结性描述，缺乏对新闻从业者在特定机构语境和社会语境下的行为方式的考察与解读。

第三章"批评话语分析与本研究"将对翻译的讨论延伸到话语分析领域。作者总结了批评话语分析的四条基本原则：一、批评话语分析更注重对社会问题的分析，而不仅仅拘泥于对文本进行具体的语言学分析；二、社会文化变迁与话语实践相互作用；三、批评话语分析不仅有解释力，更有超出传统语篇分析的实践分析力；四、批评话语分析具有跨学科的属性。本章的焦点是费尔克劳（Fairclough）的话语三维分析框架，作者以此为基础发展出自己的理论框架。特别强调对新闻翻译的产品和过程（即机构语境、译者的翻译行为，以及翻译行为背后的意识形态和权力关系）都有必要进行批评性分析。本章还特别提到，民族志的研究方法（如田野调查和访谈）对以批评话语分析为主导的翻译研究有很好的补充作用。

第四章"研究方法与研究对象"介绍全书主体部分的理论框架，明确研究对象，是著作的理论创新部分。作者首先在文本、话语实践和社会实践三个层面上提出研究问题，继而综合新闻翻译的不同视角和路径，提出社会语境下的"产品-过程-权力"（product-process-power）分析框架。该框架将翻译视为一种社会实践，对跨文化、跨语言的翻译活动进行文本分析（翻译产品分析）、话语分析（翻译过程分析）和社会文化分析（权力关系分析）等三个维度分析。这恰恰与谢夫纳（Schäffner）所倡导的"要充分理解和阐释媒体翻译的翻译产品与翻译过程，就必须考虑译者的行为模式和这些行为背后的政策、意识形态等因素"（Schäffner，2012：880）契合。

第五、六、七章是全书的主体部分。作者将"产品-过程-权力"这一理论框架应用于《参考消息》的翻译研究，分别关注翻译产品、翻译过程和翻译活动背后的权力关系。第五章"《参考消息》中的新闻翻译产品"侧重于翻译产品的文本分析，讨论词汇层面和词汇以上层面的文本操控。本章主要解决两个问题：一、与原文相比，译文有什么不同之处？二、这些不同是如何产生的？分析通过源语新闻与目标语译文的对比进行，进而从翻译现象上升到翻译策略。从词汇层面上看，作者借用奈达的划分，从增译、减译和改译等翻译方法的使用上说明新闻语篇在跨越语言障碍之后产生了种种变化。从高于词汇的层面上看，作者探究了一则新闻是如何在另一种语言中被重新建构成不同面目的。

第六章"《参考消息》中的译者与翻译过程"侧重于对翻译过程的研究，将新闻翻译视为一种分阶段的社会活动，考察译者等新闻工作者在翻译过程中的角色以及新闻在机构内的生产过程和新闻机构与其他社会部门的合作关系。作为翻译过程中最活跃的要素，译者在社会语境中或独立、或在特定团体内工作。新闻翻译如何将源语新闻呈现在读者手中取决于译者的主体性，而他们或个人、或集体的主观选择则受制于社会现实。作者认为，新闻翻译由"新闻机构的声音"来体现，而后者的明显特征是对源语新闻进行去情景化。尽管"新闻机构的声音"与"源语新闻的声音"往往相互冲突，但新闻选材者、译者和编辑总会站在新闻机构的一边。此外，新闻翻译机构会选择压制"源语新闻的声音"，以防止源语信息的渗透。由此造成的结果是，"源语新闻的声音"消失，只有"新闻机构的声音"被传达。

第七章"中国社会文化语境中的新闻翻译实践"将翻译实践置于社会和文化的大背景下，考察新闻机构的角色和翻译实践背后的权力关系。作者认为，从新闻素材的选取到特定的语言处理策略，再到呈现译文和使其被消费的特定方式，权力操控伴随着新闻翻译的始终。本章还说明，新闻翻译过程也是一个不断协商与选择的过程。无论是通过文本改写提高交际效率，还是通过歪曲事实来控制信息流动，抑或是赤裸裸的文化抵制，新闻翻译的各个层面上都有权力操控的身影。媒体机构将国外信息通过翻译加以转化，这个过程不是独立于政治和意识形态之外的单纯的智力或学术转化过程。因此，新闻机构的角色具有复杂性。就新闻翻译而言，译者受翻译政策的支配、机构权力的操控和文化因素的影响，译者的实践活动也受制于意识形态和权力关系。中国的新闻机构对新闻翻译实践有决定性作用，而这一作用相当复杂，在不同的阶段由不同的主体实施权力影响。

第八章"讨论与结语"总结研究发现，得出研究结论，瞻望应用前景，同时也指出了研究的不足之处，为未来研究提出建议。与前文提出的"产品-过程-权力"框架呼应，作者分别从操控、机构化和权力关系方面进行总结。作者指出，新闻翻译处在以"对等"和"编写"为两极的连续体上，不对等的程度不仅取决于译文的可读性，更取决于意识形态方面的操控；在正式的机构系统中，"机构化"是翻译过程的一个重要特征，机构语境下的翻译在一定程度上将机构译者变成隐藏的作者；"如何翻译""翻译什么"和"因何翻译"等问题与不同等级的权力关系相关，需要放在社会权力关系中才能得到更好的解释。

3. 简评

本书的分析突破了传统的译本对比研究的局限，不仅讨论增译、减译、改译等翻译现象和译文特征，还探讨了"为什么这些译本会有不同的特征这类问题"（田海龙，2017b：61），将研究上升到语言操作背后的动因分析，把新闻译者的翻译过程和社会语境的权力关系纳入探讨范围，是批评话语分析与翻译研究结合的一次成功尝试。本书在话语研究方面、翻译研究方面以及研究视角和研究范式等方面都不乏亮点，具体表现为：

一、在话语研究方面，本书提供了一个将批评话语分析与翻译研究结合的范例，拓宽了批评话语分析的研究视野，在研究方法上丰富了批评话语分析的理论。尽管话语研究的语言学范式在经历了"批评语言学"和"批评话语分析"两个发展阶段之后，进入了"批评话语研究"的新阶段，并呈现出"批评视角的创新""理论视野的拓新"和"研究方法的更新"等新的发展动态（田海龙，2019），但批评话语分析的社会问题导向及其跨学科属性却一以贯之，它与翻译这一社会实践形式有着天然的研究交集。遗憾的是，将批评话语分析与翻译研究结合起来的研究尚不多见，这一类课题还有待进一步发展、充实。本书将批评话语分析代表人物费尔克劳的话语三维分析框架投射到翻译领域，提出了"产品-过程-权力"的新闻翻译三维分析模式，是批评话语分析与翻译研究结合的成功探索，为批评话语分析研究领域的拓宽提供了借鉴。

值得一提的是，本书作者在借用批评话语分析理论时并没有照搬或简单套用其概念，而是创造性地将对译者的访谈等民族志研究方法运用到对本书提出的分析框架中第二个维度的分析当中。田野调查的方法使翻译过程的分析部分言之有物，为更高层次的分析奠定了坚实的基础，也像话语实践有效连接了社会实践与文本那样，将翻译背后的社会权力关系讨论与译文的翻译特征紧密连接起来。这种理论上的吸收借鉴也有助于批评话语分析理论的发展。

二、在翻译研究方面，批评话语分析的理论不仅有助于将翻译研究的焦点由传统的文本对比研究转移到译者行为及其社会语境研究，也使翻译研究在理论借鉴方面有了新的突破。借鉴批评话语分析的经典理论，本书将翻译视为译者在特定社会文化背景下的社会活动，指出了以纯文本对比的传统方法进行翻译研究的弊端：忽略了新闻话语生产过程中的诸多重要问题，如谁在翻译？他们有没有选择素材的权力？他们为何选择翻译这一条而不是另一条新闻进行翻译？翻译过程中有没有机构权力的参与？参与的结果如何？这些问题将新闻翻译研究甚或翻译研究引向翻译文本之外的更广阔的研究空间。对于译文产生过程较之译文本身的重要性，田海龙（2017b：61）早有过类似的论述，他认为回答为什么译文会有不同特征这类问题"对认识不同译本产生的历史背景和译者的价值取向，以及这些因素对译本产生的影响，具有重要意义"。也就是说，"研究译本产生的过程较研究译本本身更是一个复杂且值得探索的问题"（田海龙，2017b：61）。同时，作者还特别强调译者在新闻翻译过程中的中心角色和他们的积极作用，注重考察译者的主观性、创造性以及他们与其他机构人员的实践互动，使译者从幕后走向前台，成为对译文语言特征的微观分析和对翻译活动社会背景的宏观分析的桥梁。

另外，本书在翻译研究的理论借鉴方面也有所突破。尽管翻译研究在经历了语文学范式和语言学范式之后，研究的焦点已经发生了"文化转向"，从微观层面的语言转换上升到宏观层面的文化交流，学者们更加注重研究译者、赞助人、出版商、诗学等文本之外的社会文化因素，但就社会学角度的翻译研究而言，目前的社会翻译学研究模式相对单一，多集中在对布迪厄（Bourdieu）等少数社会学家的关键概念的借用上。国内案例研究多是"从某一具体文本或某个译者出发，探讨译者个人经历及时代背景对其翻译的影响，对影响翻译的其他社会因素尤其是除译者外的其他参与者的探讨比较有限，对社会学研究方法的运用还不够深入"（邢杰等，2016：17）。从这个意义上讲，本书借鉴的是批评话语分析领域的经典分析框架，即费尔克劳的三维分析框架，在理论借鉴上突破了前述的局限性，是翻译研究在社会学方法上的扩展与进步。

三、从研究视角上看，本书的研究具有超学科（transdisciplinarity）研究的特征。根据田海龙（2017a：5）的观点，"超学科的概念源自费尔克劳对跨学科概念的分析"。费尔克劳在对跨学科（interdisciplinarity）和超学科两个概念进行区分时指出，"作为跨学科研究的一种，超学科研究并不是简单地把几个学科和它们各自的理论、分析框架组合在一起，而是提倡学科之间的、理论框架之间的对话。这种对话有利于双方在理论上的相互借鉴、彼此内化吸收，成为促进对方理论提升和发展的有效资源"（Chiapello & Fairclough, 2010：279）。因此，超学科研究既不是几个学科及其理论的简单组合，也不是"一个学科被另一个学科吞噬"（田海龙，2017a：6）或者一个学科"改造另一个学科"（田海龙，2017a：6），而是"一个学科从另一个学科汲取营养，以丰富、发展自身的理论"（田海龙，2017a：6）。从前述第一点、第二点的分析可以发现，本书以新闻机构翻译的具体问题为导向，研究突破了学科之间的界限，强调翻译研究和批评话语分析两个学科之间的融合和相互汲取营养。两个学科都在本书的融合中得到了一定程度的拓展与提升，因而本书在研究视角上有超学科研究的特征。

四、从翻译研究范式上看，本书既完全不同于传统的语文学研究范式和语言学研究范式，又比文化学派的翻译研究更深入、理论性更强，是翻译研究的新范式——"话语研究范式"（田海龙，2017a）。研究视角的不同往往会引起研究范式的变化，正如田海龙（田海龙，2017a：6）所指出的那样，"超学科的研究视角与多学科和跨学科的研究视角不同，其最明显的特征是通过学科之间的对话和相互汲取营养形成可以推动自身发展的新的理论或范式"。本书正是在对翻译研究和批评话语分析两个学科进行超学科研究的基础上发展出来的新的翻译研究范式。

本书的分析借助批评话语分析的理论框架，突破了传统的文本对比研究局限，不仅分析翻译产品，也对翻译过程和翻译活动所处的社会文化背景进行讨论，将对翻译的讨论延伸到译者，以及对译者行为产生影响的机构环境和社会因素，使作者对新闻翻译的研究有了批评话语分析的理论支撑，增添了对翻译活动的分析维度。这种研究范式打破了学科间的界限，用从超学科的视角看待问题，"不再用科学实证主义的研究方法具体讨论哪一种翻译方法更忠实原文，哪一种方法属于灵活表达，不再讨论哪一种翻译方法正确，哪一种翻译方法不正确，也不再使译本成为译者的某种遗憾"（田海龙，2017a：5），而是致力于从批评话语研究理论中汲取营养，"探索社会结构因素如何通过译者的翻译导致具体的社会活动，进而更深刻地认识译者在翻译过程中的主观能动作用以及通过翻译所实现的社会价值"（田海龙，2017a：5）。可见，在这种新的翻译研究范式下，研究者不仅把译本，也把译者和翻译活动的社会文化语境纳入研究范围，有助于对翻译问题的全面认识和深入探讨，研究视野更加开阔。同时，这一新的范式也有助于翻译研究从话语研究领域借鉴重要的工具性概念，丰富翻译研究自身的理论，特别是丰富翻译与社会方面的理论维度。

致谢：
本文在写作过程中得到田海龙教授的悉心指导，谨此表示敬意。

参考文献：

Bell, R. T. 1991. *Translation and translating: Theory and practice*. London: Longman.

Chiapello, E. & Fairclough, N. 2010. Understanding the New Management Ideology: A Transdiciplinary Contribution from Critical Discourse Analysis and the New Sociology of Capitalism[A]. In N. Fairclough (ed.) *Critical Discourse Analysis: The Critical Study of Language (second edition)*. London: Pearson.

Schäffner, C. 2012. Rethinking transediting. *Meta*, (4): 866–883.

田海龙，2016，话语研究的语言学范式——从批评话语分析到批评话语研究，《山东外语教学》，第6期，3-9页。

田海龙，2017a，中央文献英译的话语研究范式——超学科视角，《天津外国语大学学报》，第5期，1-7页。

田海龙，2017b，作为社会实践的翻译——基于批评话语分析的理论思考与方法探索，《外语研究》，第3期，60-64页。

田海龙，2019，批评话语研究的三个新动态，《现代外语》，第6期，855-864页。

邢杰、陈颢琛、程曦，2016，翻译社会学研究二十年：溯源与展望，《中国翻译》，第4期，14-20页。

Review of *A Discourse Analysis of News Translation in China*

Zhang Liqing, Tianjin Foreign Studies University

Abstract: Based on the introduction of *A Discourse Analysis of News Translation in China*, a Routledge book published in 2019, this paper highlights its significance in both discourse studies and translation studies thanks to its novel perspective and paradigm. It is found that this book made a successful attempt in applying CDA in translation studies since it enlarged the scope of CDA on the one hand and shifted the focus of translation studies from translated texts to their translators and corresponding social contexts on the other. It also shows that this book offered a new paradigm of translation studies with transdisciplinary characteristics because it emphasized the integration and mutual nourishment between the two disciplines of translation studies and CDA.

Key words: CDA, news translation, transdisciplinary perspective, paradigm of translation studies

作者简介：

张立庆，天津外国语大学中央文献翻译研究基地博士生。研究方向：话语与翻译、社会语言学。

《衰老与性别话语——公共话语与私域话语对老年女性的影响》述介*

◎ 张琳琳　　天津外国语大学中央文献翻译研究基地
　　　　　　河北大学外国语学院

摘　要　本文介绍了英国伯明翰大学的克莱尔·安德森（Clare Anderson）博士于2018年出版的《衰老与性别话语——公共话语与私域话语对老年女性的影响》一书。笔者对该书的内容做了简要介绍，并从该书的理论意义、现实价值、学术启发等方面对该书做了简评。本文认为该书从话语研究的角度出发探讨媒体对于女性形象的构建以及公共话语对私域话语产生的影响这一研究切入点令人耳目一新。本书的研究成果从学术角度上为有志于从事这方面研究的学者提供了新的素材和启发，从社会实践的角度上为我们重新审视女性在媒体眼中的形象以及女性对自我重新定位和评价方面提供了理论依据。

关键词　公共话语；私域话语；老年女性

1. 引言

随着现代社会的发展和女性自我意识的增强，越来越多的学者开始关注女性话语和女性社会身份构建问题。女性的身份通过其形象在包括多媒体、自媒体、社交网络等多

---

* 通讯作者：张琳琳
　联系地址：天津市（300204）河西区马场道117号，天津外国语大学
　　　　　　河北保定市（071000）七一东路河北大学新校区，河北大学
　电子邮件：18910627440@189.cn

种平台的呈现而得到构建，这一现象已经成为众多学者感兴趣的研究话题。他们或通过统计计量，或通过话语分析等方法，从不同的角度探讨当下女性在不同文化语境下对自我身份的认知、构建和期待，然而鲜有研究涉及老龄女性话语。事实上当女性不可避免地走向衰老并与传统文化语境对女性的标签如"美丽、年轻、性感"的距离越来越远时，一系列的矛盾也应运而生。在这样的背景下，英国伯明翰大学的克莱尔·安德森（Clare Anderson）博士对老年女性语言和关于老年女性的话语中体现的性别和年龄话语进行研究，聚焦于个人私域老年话语和由美容界和媒体产生的公共老年话语，挖掘当前文化背景下中老年女性的"被消失"现象背后的原因，可谓是一本适时的理论著作。

本书除前言（第1章）和结论（第9章）外，主体可以分成三个部分。第一部分（第2—3章）介绍背景知识相关概念，包括理论框架、研究方法、文化语境等；第二部分（第4—5章）阐述公共话语在老年女性身份构建中的作用与影响；第三部分（第6—8章）讨论公共话语影响下的私域话语对老年女性身份构建的影响。

2. 内容简介

2.1 理论依据与文化语境

第1章前言部分简要阐明了本书各章节的主要内容外，说明其研究重点是两种论域和其相互关系，即处于宏观层面的公共话语和微观层面的私域话语。作者认为在当今社会，虽然从表面上看来衰老女性被赋予了更多的话语权，赢得了更多的社会关注，但事实上她们在媒体的聚光灯下展现的形象仍然有很多潜在的问题。作者的目的就是通过研究"女性使用的语言"和"关于女性的语言"揭示公共话语和私域话语在涉及女性衰老这一现实时显现出来的矛盾、不接受和抵触。本研究的跨学科性要求作者在研究时利用不同的研究方法和分析工具，例如批评话语分析、评价理论、多模态分析等。

第2章详尽介绍本书的文化背景。在讨论性别与年龄之前，作者引入"生命历程"（life course）这一概念。费瑟斯通和赫普沃思（Featherstone & Hepworth）将这一概念定义为"生命中不同的阶段的序列，通过这些阶段的变化，个人的心理也发生着变化"（Featherstone & Hepworth, 1988: 371）。格雷尼尔（Grenier）进一步指出生命历程中各个阶段转换的标记（如儿童期、中年期、老年期、结婚、退休等）在当代社会有逐渐"被机构化"的趋势（Anderson, 2019: 19），而这一趋势是由权威的机构和组织强加的"变化的标准模型"所造成的。换而言之，所谓的由年龄标记的人生的不同阶段实际不具备科学的生物意义，而是权威话语构建的结果。例如，我国教育部2007年发布《中国语言生活状况报告（2006）》将"剩女"一词作为新词选录入该报告，成为正规的汉语语言。该词通常指在年龄上已经超过了社会默认的应该结婚的年龄的女性，具有一定的歧视性。这引起我们的进一步思考，何为"适婚年龄"？随着社会的发展、历史的变迁，人们对女性的适婚年龄的理解也在发生变化。"我国的婚姻行为向来是受婚姻观念和制度支配和约束的"（叶文振，1995：15）。无论是提倡"早婚早育，多子多福"亦或是"晚生晚育"都说明"适婚年龄"并不是简单的生理上的数字设定，而是与一定的社会背景和主流文化相关联。以此类推，其他的年龄标记也同样具有社会性或"机构性"。社会主流文化常常通过"贴标签"的方式对某个年龄阶层进行标记，如为"年轻"贴上"美丽""青春"和"活力"等标记，而老年则是"衰弱"和"无能"。在现实社会中，这一系列的标记，并不是清清楚楚地写明或宣扬的，而是媒体通过不同的手段潜移默化地对个体进行宣传和影响。这一过程被费尔克劳称为"自然化"（naturalization）（Fairclough，2010：38）即意识形态以转化为"常识"的非意识形态的方式为人们所接受。本书作者从批评话语分析的视角审视"生命历程"这一概念，显然是在审视促使当前老年和性别话语形成的意识形态，并将其"去自然化"。

第3章阐述在进行此项研究时作者深受批评话语分析的影响，但随后又补充说明在分析数据时她使用的是评价研究（evaluation）。评价研究"广义上指说话人或作者对于他们正在谈及的事物或问题的观点、态度、立场或感觉。这种态度与确定性、义务、个人愿望或价值观有关"（Anderson，2019：64）。除此之外，作者表示在对公共话语进行研究时，选取的分析语料均为多模态文本，而这种文本分析要求必须呈现其多符号性从而使不同的交流方式（包括口头、视觉、听觉等）得以系统的解构。因此作者在处理这些文本时采用了视觉语法（visual grammar）的方法。这一方法结合批评话语分析和评价理论的方法，针对不同符号在文本中意识形态构建所起到的作用提供系统的分析工具（Anderson，2019：68）。

2.2 公共话语中老年女性形象的构建

作者认为话语是由宏观结构组织和微观结构组织两部分共同构成。宏观结构组织即公共话语指的是"机构、企业、政府部门、广告和媒体行业等产生的话语"（Anderson，2019：7）。与此相对应的私域话语或微观结构话语特指能够体现人们日常谈话的用语策略和习惯的语言。

为了探究整个社会是如何通过美容和护肤广告传递其对于女性的外貌和年龄的态度，第4章主要从三个方面进行研究和阐述。

首先是广告文本中对于女性形象的构建。在女性形象构建方面，美容护肤广告倾向于打造出"理想的女性"形象。通过不断的强化这种形象,传递给观众/读者这样的信息:这些近乎完美的,对异性充满吸引力的女性形象才是"为文化普遍接受的,是她们应该向往的"(Anderson,2019:84)。以欧莱雅为例,在拍摄广告时,模特刻意不去与观众进行平视的目光交流,从而打造距离感。由于镜头从某种角度来说可以被看作男性观众的眼睛(Messaris,1997:41)。这种拍摄手法有意识地营造"男性眼中的女性"形象,最终强迫女性观众接受并从属于男性的审美标准,并以此来要求自己,而不去反思真正的女性心目中的理想形象应该是什么样子。

其次是广告文本对于"年老"这一概念的定义与评价。人类的年龄增长,从花样年华走向白发迟暮本是自然的生理变化过程。然而在广告话语中,"年老"已经不再是一种客观的生理现象,而是需要被纠正的"错误"和去对抗的"战争"。以护肤品牌娇韵诗为例,在描述年轻的肌肤状态时,广告会较多地使用带有积极色彩的词语,例如"丝滑""润泽"等。与之相反,年老的皮肤是"疲惫""受污染和紫外线伤害的"。女性的理想状态应该是拥有美丽的身体,因此她们想要"保持青春"(Anderson,2019:92)就必须要"对抗衰老"(Anderson,2019:92)。

最后是广告对于自身主体立场的自我构建。当女性被构建成男性眼中的理想状态,年老被打上"错误"或者"问题"的标签,广告观众就会下意识地去寻找解决这个问题的方法。如何说服女性观众自己的产品是可以令她们"保持青春"的良药,使用科学话语便是常用的方法之一。以雅诗兰黛和兰蔻为例,无论是电视广告还是平面广告中,其产品常被置于深色或色彩浓郁的背景前,暗示着浓烈的情感需求或强调产品在夜晚会发挥其特别的功效。银色或蓝色的产品外包装突出未来科技感,刻意地塑造极简主义氛围暗示实验和医学背景。康纳利(Connolly,2010)认为,突出的图像可以分成两类:增强型(consolidated)和敷衍型(perfunctory)。"增强型的图像至少可以整合到话语的一个主线信息之中,与文字部分相互支撑、相互配合,共同说明一个主题……敷衍型的图像并不对广告的内容有所贡献,而是为了增加广告页面的美感……"(张辉、展伟伟,2019:385)。本书作者认为护肤品广告正是通过增强型图像的加入与文字共同配合说明同一个主体:该产品具备权威性,是解决衰老这一问题的有效方法。可见,"图像已不再具有简单的再现意义、互动意义和构图意义,而是成为媒体表达其意识形态意义的一种方式"(田海龙、张向静,2013:1)。

第5章讨论时尚杂志与老年女性形象。该书作者认为时尚/生活杂志对于老年女性形象的构建主要体现在更年期的刻画和女性气质/女人味(femininity)的探讨上面。

女性更年期的话语建构,一般体现在医学界、大众文化以及女性自身三个方面(吴小英,2013:88)。在大众文化中,"更年期从一开始出现就完全是个饱含性别文化意涵的负面概念，它由女性生命周期中一个特定的阶段，引申为含有负面品质的女性人群（吴小英，2013：88）"。由此可见与其说更年期是一种正常的成年女性的生理现象或生命中的阶段，不如说更像是一种文化现象。本书作者的研究焦点在于大众文化对于更年期话语的构建以及对女性的影响。研究语料来源于曼迪·阿普尔亚德（Mandy Appleyard）2013 年发表于《每日邮报》（Daily Mail）的文章《欢迎来到我的更年期噩梦》（"Welcome to my menopause nightmare"），以及格恩莱特（Margaret Morganroth Gullette）的著作《衰落》（Decling to Decline）和格利尔（Germaine Greer）的著作《改变》（The Change）。通过对以上文献进行梳理和归纳，本书作者得出结论：女性更年期话语的构建的原因可以归结为"女性的衰老从文化的角度来看，是一种生命历程走向衰败的叙述，这种叙述需要找到某一事件或关键的时间点作为节点"（Gullette，1997：98）。因此女性的衰老"更多是因为文化，而不是因为生理"（Anderson，2019：116）。而衰老的过程的转折点或者标志性事件，即为更年期。

米歇尔·福柯在有关身体的叙述中引入权力的概念。他认为"身体本身就是一种话语实践，学校、医院和监狱等权力机构都成为现代社会身体规训的手段和牢笼。他关注的是身体如何被话语所生产，在这个过程中，通过话语暴力对身体的惩戒和干预，权力在反复地改造、制造和生产出他们所需要的身体，身体被规训为合乎规范的、有用的东西，成为驯服的对象和标准化的产品"（冯珠娣、汪民安，2004：1）。本书作者通过对七种女性时尚杂志文本进行整理发现，时尚杂志在封面模特选择和专栏主题上都具有非常强的倾向性。妙龄少女充满活力的身体充斥着杂志的封面和杂志中的重要位置，"魅力和性感自然而言，毫无疑问是属于年轻人的"，她们被描述为"火辣""闪光""性感""绝妙的"等。这种标准化到近乎完美的身材，才是年轻人应该拥有的身体。

这些杂志上看不到老年女性的身体，因为她们已经不符合"标准化产品"的要求，对异性已经不具备吸引力。因此生活杂志中涉及的老年女性多以专业脑力劳动者形象出现，她们作为女性本身的"性魅力"被大大弱化，甚至是被干脆忽略掉了。

作者随之从研究护肤品广告和时尚杂志对老年女性和年轻女性不同的态度的角度出发，阐述了老年女性在公共话语中的身份和形象构建问题。广告商和时尚媒体在设计广告和编撰杂志时均有意识地强调异性的吸引力，同时引导女性读者接受男性审美观以期她们以这样的审美来审视自己。"在以大众文化方式推行一种'身体的标准化'，让女性在男权文化的标准下完成自身对于身体的一种自我规训与驯服"（Jefferies，2007：17）在此基础上，"年老"即是"违反了标准"，是不正常的疾病和亟待解决的问题。

2.3 公共话语对私域话语的影响

私域话语（Private voices）指个人对语言的应用（Anderson，2019：2）。本书作者通过对 19 名年龄跨度为 21 岁到 80 岁的女性受访者进行面对面访谈，并对访谈的数据进行量化分析，以探究私域话语在女性衰老这个主题上是如何受到公共话语的影响。通过研究，作者认为公共话语对于老年女性的观念作用于女性的私域话语的影响主要体现三个方面。

第 6 章从受访者对待女性更年期和衰老以及衰老带来的身体变化角度两方面探讨公共话语影响下的私域话语。

从主流文化对于女性的态度不难看出，年长女性不再是时尚媒体和主流文化关注的对象。"女性作为生育和性爱对象角色在大众文化视野中淡出……处于更年期的女性不再是消费市场和商家青睐的宠儿，而是被划归为老年消费市场中的特殊群体……"（吴小英，2013：90）。在这种话语影响下，参与访谈的 19 名女性中，有人明确表示自己觉得更年期是"恐怖的"，且倾向于使用类似"枯萎""枯竭"这样的词描述这段时期。作者认为造成这种想法的重要原因之一就是与生育能力挂钩的更年期的到来让她们觉得自己失去了女性的重要"生理功能"从而失去了"女人味"（fermininity），除了是生命开始衰败的转折点外，更让她们变得"既不是男人，也不是女人"（Anderson，2019：147）。换而言之，女性不再具备"生育能力"就不再是"女性"了。由此可见，女性受到媒体对于衰老的态度影响，亦屈从于"生理构建"的理念，即无形中不再用客观的、生理的角度看待年龄增长中遇到的必然现象。

不仅如此，由于深受广告话语的影响，受访女性在谈及"衰老"或"身体衰耗迹象"这一话题时，同看待更年期一样感到"害怕"，会使用如癌症等疾病相关词语进行比喻。她们认为衰老是"对人类身体进行侵害的敌人"（Anderson，2019：153），并在潜意识中拒绝面对年龄的增长，且认为这一原本正常的生理现象是需要去"对抗"的，也应该如"疾病"一般可以被治愈，像其他生活中的"难题"一样可以通过使用外在的某种手段加以解决。

第 7 章通过阐述镜像时刻阐述公共话语与私域话语的关系和冲突。本书作者认为，镜像时刻（mirror moment）是女性进行自我身份构建的重要环节。"镜像时刻"一词源于珍妮·希林（Jane Shilling）对自己衰老状态进行陈述的过程。本书作者对这一术语进一步解释为："镜像时刻首先是指自我本体面对自己的反映影像时毫无隐瞒的私人自我评价时刻。"（Anderson，2019：194）镜像时刻在女性进行自我评价和自我身份构建认同过程中起着至关重要的作用。第一，通过照镜子，女性从客观的角度面对自我，从而做出身份判定。然而镜子时刻并不是简单的审视过程,作者认为虽然女性表面上是通过对照影像从而对自身做出评价,这一私人时刻实际上也受着外部环境的影响。当女性第一次在镜子中震惊地看到自己开始有衰老的迹象出现时,内在的自我便与外在的自我分裂,即她们不肯相信或承认自己看到的衰老的影像代表着真实的自己。而外部的主流文化语境的压力又迫使女性必须让内在的自我接受衰老这个事实。

第二,镜子象征着文化对于女性施加压力的权力。时时刻刻提醒着当代社会的女性"应该"做什么。从发现自己衰老的迹象开始,女性就在潜意识中受到主流文化中对年轻的美化和歌颂的影响,认为自己应该做点什么来对抗衰老。照镜子进行自我审视时会面对几方面力量的平衡与博弈:作为女性的本我,衰老的自我和外部环境对女性预期的"自我"。而女性则在这样的审视中不断地挣扎和进行着自我身份的构建。

第三,在社会主流文化的作用下,女性会将照镜子进行自我审视和修整看作日常生活中每日必行之事。作者认为这种内化了的自我评价的机制是从男性对女性的物化的传统转变而来。从传统文化的角度来说,女性的装扮是为了"悦己者"。而在现代社会中,尽管表面上来自男性审视的压力逐渐减少,女性对于自己的态度正在发生着变化,但当被问到"你打扮漂亮是为了谁?"仍有相当多数量的女性受访者表示很难说清。更多的女性受访者认为自己的压力来自主流文化。而在以男性审美为评价标准的主流文化大前提下,女性对于自我的评价和身份的构建从根本上依然是从异性的审美和标准角度出发。

第四,女性在被评价的同时也在扮演着对其他女性进行消极评价的角色。一方面,她们认为主流文化对于女性的评价标准是消极和不利的,另一方面,又将这种评价标准内化成为她们自己的标准用来评价其他女性。她们不愿接受社会主流文化对于女性的期待和限定,但同时又无法摆脱这一桎梏。在这种话语背景下,各个年龄阶层的女性受访者均表现出复杂的立场倾向,无论是在情感上还是语言使用上,她们都表现出既拒绝又渴望的态度。一方面她们反感那些抗衰老护肤品广告中描绘的完美女性形象,另一方面她们又希望自己能够满足主流文化对于女性的期望。

第 8 章以纪录片《美妙的设计师》和仍活跃于公共视野的 60 多岁的历史学家、古典学者玛丽·比尔德(Mary Beard)为例说明在当今文化背景下,尽管也会有部分女性看似打破常规即以"超龄"的身份活跃于时尚圈和公共的视野中,但年长女性魅力的展示方式需要通过"复杂的接受与激烈的对抗"的形式(Anderson,2019:235)。而且她们的这种对抗话语与大多数仍受困于公共话语的女性有相当大的距离。作者甚至认为,这些"非凡的成熟女性"的经历对于普通人来说可谓是一种可望不可即的目标,且给她们带来了新的压力。

第 9 章为本书的结语,这里作者重述了研究过程,即基于批评话语分析、评价理论和多模态分析系统的分析公共话语和私域话语的关系，说明在后女性主义时代，年长女性的境况并没有随着时代的发展变得更好。恰恰相反，女性的衰老较之以往给她们带来更多的困难，其社会地位也更加不稳定。

3. 简评

本书以访谈数据和流行媒介为研究对象，探讨涉及老年女性公共话语对私域话语的影响和彼此之间的矛盾关系，聚焦于"女人不是天生的，而是塑造的"这一话题。社会文化语境中的女性，不仅仅是生理结构设定上的有别于男性，而是受意识形态的影响，被塑造成"女人"。同理，女性衰老的过程和女性的更年期也是社会文化塑造的结果，而不是年龄上的数字的增长。公共话语的老年女性形象构建主要体现在：（1）通过话语，强迫女性从异性的审美角度对自己进行评价。（2）将衰老构建为可以治愈的疾病。（3）时尚媒体通过妖魔化更年期和歌颂年轻忽视年老的方式，对年老女性施加压力。在这样的公共话语的压力下，女性在潜移默化中形成自己对待衰老过程的态度。她们接受异性的审美观，对衰老产生恐惧，视其为需要对抗的战争。她们的这种消极态度不仅导致对自身的苛刻审视，同时相互影响。至此，女性年老的过程通过公共话语和私域话语的过程，已经不在是单纯的年龄和生理的变化，而是带有消极色彩的社会现象。

作者在其研究中引入的批评话语分析、多模态话语分析等语言学的分析方法对于其他学者进行女性身份构建研究具有启发性的理论研究意义。另外作者针对广告宣传用语，媒体用语所做的调查研究成果能够引起产品经销者，广告设计人员对于老年女性群体更多的关注，因此能够起到现实的实践指导作用。同时作为性别话语和老年话语的结合研究，本书为有兴趣研究男性中老年话语的学者提供了很好的素材和灵感，在方法层面的可操作性方面亦具有重要的借鉴意义。

但本书仍有进一步深入的空间。首先，作者虽然有意识地在研究中加入对男性现状的调查数据总结，但只是蜻蜓点水的提及，并没有与女性做系统的对比。其次，作者对受访者对更年期和女性衰老这一现象的态度进行统计时，仅考虑到她们受到公共话语的影响但忽略了自身的受教育程度和职业也会极大地影响受访者的观念，因此调查结果的说服力稍显不足。而且在讨论公共话语有关女性更年期的叙述时，建议在考虑到女性的生理和心理变化的同时还应将其与家庭生命周期相关联。由于女性进入更年期时"正值家庭生活进入一个调整期"。子女教育和成长、夫妻关系的疲怠，加上女性"自身的社会交往减弱或边缘化，与男性之间社会地位的差距拉大夫妻间的距离……"（吴小英，2013：90）等一系列的问题都导致女性更年期被认为是"家庭生命周期中的脆弱期"。在这一意义上，女性更年期在公共话语领域是大众传媒与社会文化共同作用下的性别文化建设。

尽管如此，其研究的创新性仍值得我们的肯定。针对女性衰老这一话题进行研究在学术界并非少数，例如由劳特里奇（Routledge）出版社于1989年的创办《女性与衰老》季刊（Journal of Women and Aging）便聚焦于女性衰老这一话题。但主要是从社会学、心理学和医学等角度对衰老现象进行探究而不是从话语的角度关注女性衰老问题。因此，从这一角度探讨媒体对女性形象的构建以及公共话语对私域话语产生的影响令人耳目一新。本书的研究成果从学术角度为有志于从事这方面研究的学者提供新的素材和启发，从社会实践的角度为我们重新审视女性在媒体眼中的形象以及女性对自我重新定位和评价方面提供了理论依据。

参考文献：

Anderson C. 2019. *Discourses of Ageing and Gender* (*The Impact of Public and Private Voices on the Identity of Ageing Women*). Palgrave Macmillan.

Connolly, J.H. 2010. Accommodating Multimodality in Functional Discourse Grammar. A paper presented at the Fourth FDG Workshop.

Featherstone M, Hepworth.1988.The Mask of ageing and postmodern life course. In M Featherstone, Hepworth & B. Turner. *The Body: Social Process and Cultural Theory*. London: Sage.

Jefferies L.2007. *Textual Construction of the Female Body: A Critical Discourse Approach*. London: Palgrave Macmillan.

Messaris P.1997. *Visual Persuasion: the role of images in advertising*. London, New Delhi: SAGE publication.

冯珠娣、汪民安，2004，日常生活、身体、政治，《社会学研究》，第1期，107-113页。

田海龙、张向静，2013，图像中的意义与媒体的意识形态：多模态语篇分析视角，《外语学刊》，第2期，1-6页。

叶文振，1995，我国妇女初婚年龄的变化及其原因——河北省资料分析的启示，《人口学刊》，第2期，14-22页。

吴小英，2013，更年期话语的建构——从医界、大众文化到女性自身的叙述，《妇女研究论丛》，第4期，87-94页。

Review of *Discourses of Ageing and Gender-*
The Impact of Public and Private on the Identity of Ageing Women

Zhang Linlin, Tianjin Foreign Studies University
Hebei University

Abstract: This book review is made on Discourses of Ageing and Gender by Dr. Clare Anderson from University of Birmingham in 2018. Besides giving a brief introduction, I also made comments on its theoretical significance, practical value and the inspirations it might bring to other researchers. The book explores how the media constructs the images of women and to what extend women's private discourse concerning ageing and gender is affected by private discourse, which is almost fresh new to us. What's more, the research result of this book provides new material and inspiration for those who has interest in this topic as well as theoretical tool for us in reviewing the images of women in media and self- positioning and evaluation.

Key words: public discourse, private discourse, ageing women

作者简介：

张琳琳，女，天津外国语大学博士研究生在读，河北大学外国语学院讲师。研究方向：话语分析、翻译。

2020年国内期刊发表的话语研究方面的100篇论文题目

1. 陈海庆、孙润妤．2020．庭审语境下被告人反问句多模态语用分析．《天津外国语大学学报》，（3）：109-125．
2. 丁建新、朱海玉．2020．话语身份的建构：涂鸦的边缘话语分析．《外语学刊》，（2）：55-58．
3. 丁建新、杨荟．2020．作为他者的病毒：关于新冠肺炎隐喻的话语分析．《广州大学学报》，（4）：107-113．
4. 杜文博、张佩霞．2020．"彭斯讲话"的日本新闻话语分析．《外文研究》，（2）：32-39．
5. 韩戈玲、廖国海．2020．语用身份框架下的论辩话语研究．《外语与外语教学》，（6）：55-65．
6. 郝兴刚、李怀娟．2020．公共话语功能文体历时研究与中国话语文化性．《话语研究论丛》．第8辑，21-38．
7. 胡安江．2020．中国特色对外话语体系研究：热点、问题与趋势．《天津外国语大学学报》，（1）：1-12．
8. 胡键．2020．政治的话语分析范式．《华东师范大学学报（哲学社会科版）》，（3）：58-69．
9. 胡开宝、盛丹丹．2020．《可持续发展报告》英译本中的华为公司形象研究——一项基于语料库的研究．《外国语》，（6）：94-106．
10. 郭金英．2020．中国形象对外传播中的叙事研究——解读BBC纪录片《中国故事》．《天津外国语大学学报》，（3）：136-143．
11. 蒋晓丽、郭旭东．2020．社会化表演的网络文本世界——符号叙述学视域下美国总统政治的媒介话语分析．《国际新闻界》，（1）：99-118．
12. 焦俊峰．2020．基于评价理论的冲突型新闻话语主体构建对比研究．《西安外国语大学学报》，（3）：33-37．

13. 克劳斯·克里彭多夫,田海龙,张立庆(译). 2020. 为何将话语置于行动中研究?《当代修辞学》,(5):46-55.
14. 雷蕾、苗兴伟. 2020. 生态话语分析中的生态哲学观研究.《外语学刊》,(3):120-123.
15. 李丹. 2020. 语言学视角国家认同研究:兴起与进展.《天津外国语大学学报》,(3):144-155.
16. 李恩耀、丁建新. 2020. 国内外批评话语研究40年——一项基于文献计量学的研究.《天津外国语大学学报》,(3):41-55.
17. 李俊义、尤泽顺. 2020. 专家话语的知识建构——关于新冠肺炎认识的趋近化分析.《天津外国语大学学报》,(4):91-106.
18. 李淑晶、刘承宇. 2020. 基于评价系统的生态话语分析——以特朗普退出《巴黎气候协定》的演讲为例.《外语与外语教学》,(5):65-76.
19. 梁海英. 2020. 叙事语篇中身份建构研究的多元功能视角.《外语教学》,(1):17-21.
20. 梁婧玉、李德俊. 2020. 中国形象的隐喻架构分析——以《经济学人》社会法制类报道为例.《外国语文》,(2):96-106.
21. 梁娜. 2020. 战役与战"疫":战争隐喻与疫情防控的社会实践网络探微.《天津外国语大学学报》,(5):92-103.
22. 林元彪、徐嘉晨. 2020. 基于语料库的新中国成立70周年外媒英语报道话语分析研究.《外语教学理论与实践》,(1):41-49.
23. 刘风光、刘诗宇. 2020. 外交话语中规避回答策略及其仪式化关系联结.《现代外语》,(6):768-780.
24. 刘国兵、张孝莲. 2020. 中国媒体"一带一路"倡议报道中的态度资源分析——以《中国日报》为例.《西安外国语大学学报》,(2):15-21.
25. 刘立华、童可. 2020. 框架理论视角下国家形象的媒体话语建构研究——以"中美贸易战"报道为例.《山东外语教学》,(3):39-49.
26. 刘立华、韦荣波. 2020. 2019年国内批评话语研究年度综述.《天津外国语大学学报》,(6):131-140.
27. 刘曼. 2020. 日本主流报刊对"一带一路"的认知变化研究——基于语料库的批评话语分析.《外语电化教学》,(5):108-113.
28. 刘文宇、胡颖. 2020. 从情境到语境:特朗普政府《贸易政策议程》的批评认知分析.《外国语文》,(1):9-18.
29. 刘文宇、胡颖. 2020. 基于文本挖掘的非传统文本批评话语研究.《天津外国语大学学报》,(4):29-41.

30. 孟玲．2020．坏消息告知的交际策略及其有效性个案研究．云南师范大学学报（哲学社会科学版），（4）：42-51．

31. 孟玲、孙铭徽．2020．自杀呈现中的自杀预防——法语动画电影《自杀专卖店》的多模态话语分析．《天津外国语大学学报》，（1）：69-78．

32. 苗兴伟、雷蕾．2020．基于功能语言学系统进化观的生态语言学维度探析．《中国外语》，（1）：35-40．

33. 苗兴伟、李珂．2020．抗击新冠肺炎疫情与共同体身份的话语建构．《天津外国语大学学报》，（2）：88-99．

34. 潘艳艳．2020．多模态话语分析到多模态认知批评分析的发展综述．《外国语文》，（1）：35-42．

35. 邱怡．2020．隐喻的再现与建构——以外媒对中美贸易战的报道为例．《区域与全球发展》，（1）：110-119．

36. 单晓静，2020．通知中的权威及其动态特征与实现策略——政府部门发布通知的"话语——历史"批评话语分析．《话语研究论丛》，第8辑，39-55．

37. 沈继荣、辛斌．2020．英语学界引用研究综述及反思．《外语研究》，（1）：45-51．

38. 沈文静．2020．建构文化记忆——文字符号的批评话语分析．《天津外国语大学学报》，（3）：56-63．

39. 石晋阳．2020．网络闲话与群际偏见生产：微博话题的批评话语分析．《现代传播》，（9）：73-78．

40. 苏新春、龙东华．2020．中小学语文教材话语体系的建构及意义．《厦门大学学报（哲学社会科学版）》，（6）：29-39．

41. 孙莉、杨晓煜．2020．评价理论视域下的和谐话语分析——以2018年"百篇网络正能量文字作品"为例．《中国外语》，（4）：43-48．

42. 孙小孟、贺川、廖巧云．2020．多模态隐喻与"一带一路"话语体系建构——评析大型纪录片《一带一路》第一集《共同命运》．《外国语文》，（3）：68-74．

43. 唐青叶．2020．意义潜势与个体化——基于中国外宣话语的国际受众研究．《天津外国语大学学报》，（2）：78-87．

44. 唐子茜．2020．文化翻译的批评话语分析路径．《外国语言文学》，（4）：356-369．

45. 田海龙．2020．中西医结合治疗新冠肺炎的话语研究——基于"双层—五步"框架的中西医话语互动分析．《天津外国语大学学报》，（2）：128-139．

46. 田海龙、单晓静．2020．政府部门通知中的权威及其话语建构．《北京第二外国语学院学报》，（4）：24-35．

47. 王宏俐、梁琳琳、闫开伦、刘书凝．2020．印度主流媒体关于中国崛起的话语分析．《外语电化教学》，（5）：122-128．

48. 王加林、陈建平．2020．时间指示语与身份话语建构——基于回归前后香港施政报告的研究．《北京第二外国语学院学报》，（4）：56-67．

49. 王建华、席静、康俊英．2020．西方媒体框架桎梏下中国媒体话语权的建构——以"瑞典中国游客事件"为例．《北京第二外国语学院学报》，（3）：34-47．

50. 王瑾．2020．生态话语分析：话题、特征及启示．《外语教学》，（4）：30-35．

51. 王晶．2020．虚拟公共领域中信息通信技术的话语建构．《天津外国语大学学报》，（4）：53-60．

52. 王磊．2020．中国对外话语体系建设：意义、任务与策略．《中央社会主义学院学报》，（2）：42-52．

53. 王立松、崔竞月、陈茜萌．2020．"一带一路"国内外新闻语篇话语对比分析．《天津大学学报（社会科学版）》，（2）：133-138．

54. 王敏、孙志鹏．2020．从"后真相"到"后羞耻"：民粹主义媒体话语是如何进入欧美主流话语体系的？——基于对露丝·沃达克的专访．《国际新闻界》，（8）：110-124．

55. 王平、孙明伟、安琪．2020．中国未成年人互联网实践的公共话语表达与意义构建——基于报刊话语分析的探索．《图书馆理论与实践》，（6）：107-111．

56. 王琴．2020．批评体裁分析视角下医学科普话语的新媒体传播．《北京科技大学学报（社会科学版）》，（5）：17-24．

57. 汪少华、纪燕．2020．中国廉政话语的架构研究——以《习近平关于党风廉政建设和反腐败斗争论述摘编》为例．《北京第二外国语学院学报》，（3）：22-33．

58. 汪顺玉．2020．中国学生英语讲述中国故事的话语方式研究——基于文本发掘的发现．《天津外国语大学学报》，（4）：2-15．

59. 武继红、黄梓晴．2020．国内互文性的语言学研究综述．《山东外语教学》，（6）：9-19．

60. 武建国、龚纯、宋玥．2020．政治话语的批评隐喻分析．《外国语》，（3）：80-88．

61. 武建国、刘艾静．2020．国家形象宣传片《角度篇》解说词翻译中的互文性策略研究．《西安外国语大学学报》，（2）：22-25．

62. 夏士周、林正军．2020．国内批评隐喻研究：现状与展望．《外语研究》，（1）：33-37．

63. 肖翔、张昕．2020．日本中学历史教科书关于抗日战争的批评话语分析．《中国文化研究》，（4）：172-180．

64. 辛斌．2020a．21世纪的批评话语研究：反思与展望．《外语研究》，（4）：37-42+99+112．

65. 辛斌．2020b．英文新闻标题中的合法化话语策略分析——以《华盛顿邮报》和《纽约时报》有关南海争端报道为例.《外语学刊》,(4):24-32.

66. 辛斌、李文艳. 2020. 多模态广告语篇的体裁分析——以一则微信聊天式房地产广告为例.《北京第二外国语学院学报》,(4):13-23.

67. 熊建国. 2020. 自然语言处理工具在语料驱动批评话语分析中的运用——以英语洗钱新闻为例.《解放军外国语学院学报》,(5):10-19.

68. 熊伟、舒艾. 2020. 翻译研究的批评性话语分析视角:回顾与展望.《外语学刊》,(5):93-100.

69. 徐浩. 2020. 中国当代公共话语中的中小学教师形象研究.《全球教育展望》,(11):118-128.

70. 徐继菊、高一虹. 2020. 死亡态度主题叙事的话语特征——基于西南地区15位老人的访谈.《云南师范大学学报(哲学社会科学版)》,(4):52-59.

71. 许庆欣、陈居强. 2020. 数据科学视角下的评价话语分析——以冲突话语中会话者评价风格识别为例.《天津外国语大学学报》,(6):24-38.

72. 徐涛. 2020. 新新媒体时代高校官微"话语交响乐".《外语学刊》,(4):15-23.

73. 徐燕、冯德正. 2020a. 多模态公共卫生教育话语研究:语域类型学视角.《浙江外国语学院学报》,(2):11-21.

74. 徐燕、冯德正. 2020b. 新媒体商务话语中的多模态体裁互文:语域类型学视角.《外语教学》,(3):23-28.

75. 徐玉臣、苏蕊、刺璇、寇英. 2020. 基于语料库的英汉科技语篇中介入资源对比研究.《外语教学》,(6):19-24.

76. 徐中意. 2020. 外交话语模式分析框架的构建:批评认知语言学视角.《外国语文》,(1):19-27.

77. 颜冰、张辉. 2020. 框架语义视角下中美贸易战话语的历时比较分析.《外国语文》,(1):1-8.

78. 姚艳玲. 2020. 日语政治语篇的批评认知语言学分析.《外国语文》,(1):28-34.

79. 叶永青. 2020. 互动构建的时空延展和情感变迁——电子哀悼多模态语类特征.《天津外国语大学学报》,(1):59-68.

80. 尤泽顺、卓丽. 2020. 外交文化架构与对外政策构建:美国"新丝路战略"话语分析.《北京第二外国语学院学报》,(4):36-55.

81. 于国栋. 2020. 提问对回答的话题约束——抗击新冠肺炎与新闻发言人答记者问的会话分析.《天津外国语大学学报》,(2):100-113.

82. 于佳平、张朝枝. 2020. 遗产与话语研究综述.《自然与文化遗产研究》,(1):18-26.

83. 张辉、张艳敏. 2020. 批评认知语言学：理论源流、认知基础与研究方法.《现代外语》,（5）: 628-640.

84. 张坤坤. 2020. 西方多模态话语研究与批评话语研究的融合趋势.《现代外语》,（2）: 282-293.

85. 张蕾、刘芳. 2020. 法律辩护词中被告人身份建构的评价策略研究——以张扣扣案一审辩护词为例.《天津外国语大学学报》,（6）: 2-14.

86. 张丽敏、叶平枝、李观丽. 2020. 公共话语中的幼儿园教师形象——基于网络媒体新闻的内容分析与话语分析.《学前教育研究》,（3）: 16-30.

87. 张玲、周俊子. 2020. 基于框架理论的疾病隐喻特征及作用研究——以艾滋病为例.《山东外语教学》,（2）: 20-30.

88. 张露、梁晓波. 2020. 美国《防务新闻》网站有关中国防务新闻报道的批评话语分析：基于自建语料库的研究.《外语教育研究》,（3）: 18-24.

89. 张薇、汪少华. 2020a. 全球气候危机话语的架构理论透视——以中美领导人的气候议题演讲为例.《外语教学》,（1）: 12-16.

90. 张薇、汪少华. 2020b. 新冠肺炎疫情报道中刻意隐喻的认知力.《天津外国语大学学报》,（2）: 114-127.

91. 章吟、李媛. 2020. 话语实践意义的阐释——论式话语分析方法的改良.《当代修辞学》,（5）: 70-81.

92. 赵娜. 2020. 儿童绘本中死亡态度的建构——《再见了，艾玛奶奶》多模态分析.《天津外国语大学学报》,（1）: 79-87.

93. 赵芃、尚成燕. 2020. 权势中的部分等同关系——高等学校校长毕业典礼致辞的批评话语分析.《天津外国语大学学报》,（6）: 82-90.

94. 赵蕊华. 2020. 生态语言学视角下中国不同时期生态建设对比研究——以2001年和2018年《中国日报》生态文章为例.《山东外语教学》,（1）: 33-45.

95. 赵秀凤、刘畅. 2020. 国际生态话语视角下中英能源白皮书话语对比研究——基于语料库的批评话语分析.《北京科技大学学报（社会科学版）》,（6）: 17-25.

96. 赵奕. 2020. 边缘话语分析视角下的新加坡华人身份建构与华语变迁.《天津外国语大学学报》,（3）: 64-72+158.

97. 赵永峰. 2020. 福柯话语权力视域下社会隐转喻研究——以美国政治正确类表达为例.《天津外国语大学学报》,（1）: 35-46.

98. 赵玉倩. 2020. 多模态外交隐喻框架下中国国家形象建构与传播研究——以大型政论纪录片《大国外交》为例.《山东外语教学》,（3）: 61-70.

99. 朱蕾、史雁滔．2020．新冠疫情期间媒体对医务工作者形象的话语建构——以《人民日报》微信公众号为例．《天津外国语大学学报》，(5)：80-91．
100. 邹煜、张茹淇、程南昌、滕永林．2020．政务微博话语与服务型政府形象建构研究．《语言文字应用》，(2)：109-118．

（中国英汉语比较研究会话语研究专业委员会秘书处供稿）